교실 이데아

교실 이데아

김신완 지음 | 이혜정 감수

수능에서 IB 교육으로
대한민국 시험의 패러다임을 바꿔라

교실 이데아

발행일
2025년 2월 25일 초판 1쇄

지은이 | 김신완
감　수 | 이혜정
펴낸이 | 정무영, 정상준
펴낸곳 | (주)을유문화사
창립일 | 1945년 12월 1일
주소 | 서울특별시 마포구 서교동 469-48
전화 | 02-733-8153
팩스 | 02-732-9154
홈페이지 | www.eulyoo.co.kr

ISBN 978-89-324-7538-7　03370

차례

프롤로그
왜 지금 IB를 말하는가

나는 학창 시절을 '한국 교육의 문제를 온몸으로 느껴온 시절'로 기억한다. 초등학생 때 나는 상상력이 풍부하고 스스로 생각해서 표현하는 능력이 뛰어난 아이였다. 그래서 미술, 음악, 체육, 글쓰기, 발표 등에서 상을 휩쓸고, 학급 반장을 도맡는 나름 재능 많은 학생이었다. 하지만 중고등학교에 진학하면서 암흑 속에서 헤매는 것 같았다. 학교는 무엇보다 '성적'을 중요시했고, 내가 잘하는 것들은 공부에 도움이 되지 않았다. 나는 학교의 요구에 맞춰 성적을 올리기 위해 애썼다. 스티븐 스필버그의 영화 〈후크〉에서 네버랜드를 떠나 현실에서 살아남아야 했던, 그래서 하늘을 나는 능력을 잃어버린 피터 팬은 내 삶의 복선과도 같았다.

어렵게 들어간 대학에서는 잃어버린 자신감을 되찾고 싶

었다. 학과나 단과대 수석에 장학금도 여러 번 받으며 높은 성적으로 졸업했다. 그런 자신을 두고 유능한 사람이 되었다고 생각했고, 꿈과 상상력 같이 어릴 적 중요하게 여겼던 것들에서 멀어진 건 일종의 성장통으로 생각했다.

좋은 성적 덕분에 영국 런던대에서 1년간 교환 학생으로 공부할 기회를 얻었다. 그런데 그곳에서 큰 충격을 받았다. 지금껏 공부해 온 초식이 전혀 통하지 않았기 때문이다. 교수는 내가 쓴 에세이를 조목조목 지적하고 왜 그렇게 생각하는지를 물었다. 하지만 나는 그에 대한 적절한 대답을 찾지 못했다. 영어 실력이 부족해서가 아니었다. 나에게는 스스로 생각할 줄 아는 힘이 부족했다. 지금껏 해왔던 공부는 무엇이란 말인가? 그때 나는 무언가 잘못되었음을 깨달았다.

훗날 『서울대에서는 누가 A+를 받는가』를 읽으며 그 이유를 찾을 수 있었다. 한국 교육은, 심지어 대학 교육마저 주입식으로 이루어진다. 교수가 하는 말을 달달 외우고, 시험장에 가서 그대로 쏟아 내는 과정이 공부인 것이다. 내가 고득점을 받는 방법은 간단했다. 교수의 말을 잘 정리한 다음 시험 직전 족보를 모아 모범 답안지를 만든다. 그 답안지에는 교수가 강조한 내용을 꼭 챙겨 넣었고, 관련 서적을 한두 권

더 찾아 그밖의 내용을 추가해 적는다. 단 교수의 생각에 반하는 것은 제외한다. 그리고 수업 시간에는 꼭 발표를 한다. 이런 '공정'이 A와 A+를 가르게 된다. 이것이 내 생각을 버린 채 기계식 공부의 화신이 되어 얻은 값싼 노하우였다.

13년간 PD 지망생을 가르치며 취업 전선에 뛰어든 학생들을 오랜 시간 관찰하고 그들과 많은 이야기를 나누었다. 고학력, 명문 대학 취업 준비생들과 함께하며 느낀 점은 취업 준비생의 수준이 날이 갈수록 떨어진다는 것이었다. 열심히 준비해 온 학생들이 보여 주는 퍼포먼스가 수준 미달이 되는 이유는 무엇일까? 나와 판박이인 그들의 삶을 지켜보면서 수능을 중심으로 하는 현행 입시 제도는 예나 지금이나, 아니 전보다 더 학생들의 실질적 역량을 길러내지 못한다는 사실을 인정할 수밖에 없었다.

결혼을 하고 자녀가 생기면서 교육은 이제 나의 당면 문제가 되었다. 수능이 삶에 도움이 되지 않는다는 사실을 누구보다 잘 알고 있었기에 아이들에게 어떤 교육을 시켜야 할지, 어떻게 하면 아이들이 주입식 교육 속에서 허덕이지 않는 학창 시절을 보낼 수 있을지 고민스러웠다. 하지만 주변에서 들리는 '살벌한' 이야기들이 부담감을 안겨 주기도 했다. 이를테면 '아이 나이가 몇이면 무엇을 해야 한다'는 식의 이야기들이다. 선행 학습, 문제풀이 훈련을 하며 남들이 하는 대로 따르는 게 안전한 길은 아닐까, 그렇지 않으면 아이 인생을 망치는 것은 아닐까? 하지만 우리 아이들이 과거의 나처럼 수능이라는 시험에 갇혀 무능하고 무력해지는 삶을 살아야 한다면, 그 길로는 가지 않는 게 맞겠다는 확신이 들었다.

처음에는 수능의 문제점을 지적하는 다큐멘터리를 만들겠다는 취지였다. 그러던 중에 IB(인터내셔널 바칼로레아)를 알게 되었다. 지금의 한국 교육은 구성원들의 다양한 요구를 수용해야 하기 때문에 쉽게 손대기가 어렵다. 하나를 바꾸면 다른 하나에 문제가 생기는 일이 많다. 부분적 개선이 오히려 끊임없는 모순과 부작용을 만들고 교육 당사자들의 피로를 가중시킨다. 그런데 IB는 한국 교육의 전반을 혁신할 포맷으로 손색이 없어 보였다. 동시에 IB 교육 프로그램이 한국에 도입되어 확산되는 중이었기 때문에 꼭 방송으로 조명하고 싶었다. 이후 4년간 교육 관련 책과 자료를 찾아 읽으며 오랜 시간 준비한 끝에 2024년 4월 MBC 다큐멘터리 3부작 〈교실 이데아〉를 방송할 수 있었다.

수능의 문제를 파헤치는 것부터 IB라는 새로운 대안 모델을 통해 한국 공교육의 혁신 방안을 제시하는 큰 프로젝트

였던 만큼, 한국 교육의 현재 지형과 미래의 변화를 한눈에 보여 주는 것이 가능할지 걱정이 많았다. 하지만 방송 준비 과정에서 다양한 전문가를 만났고, 헌신적인 교사들과 사려 깊은 학부모, 열정적인 학생들의 도움으로 핵심을 비켜 가지 않는 다큐멘터리를 만들 수 있었다. 촬영 과정은 충격의 연속이었다. 통념을 깨는 순간들이 줄곧 포착되었고 말과 글로만 듣던 IB의 완성도 높은 시스템을 꼼꼼하게 확인할 수 있었다. 그 과정은 학생으로서 교육에 품었던 오랜 질문에 답을 듣는 일이었을 뿐만 아니라, 다큐멘터리 연출가로서 인상 깊은 장면을 만나는 순간이었으며, 학부모로서 교육이 어디로 가고 있는지 목격하는 시간이었다.

다큐멘터리 〈교실 이데아〉는 교육 혁신을 위한 마스터플랜을 논리적으로 설명하는 데 방점이 찍혀 있었다. 반면 이 책은 실제 교육 현실에 참여하고 있는 학생, 교사, 학부모에게 실질적으로 도움이 될 부분을 전달하는 데 힘을 기울였다. 지금 우리가 어떤 현실에 놓여 있는지, 수능은 어떤 맥락 속에서 발전하고 쇠퇴하는지, 왜 IB가 주목받고 있는지 등을 조망하는 한편, 우리 아이들이 IB라는 새로운 교육을 만나게 될 때 어떤 일이 벌어지고, 교사는 새로운 교육에 어떻게 참여하게 되며, 학부모는 자녀와의 관계를 어떻게 만들어 나가게 될지를 구체적으로 느낄 수 있도록 썼다. 교육 전문가는 아니지만, 오랜 시간 교육 문제에 천착해 왔고 장기간 교육 현장을 관찰한 내용을 많은 학부모와 학생들에게 공유하고 싶었다.

새로운 교육을 꿈꾸는 사람들이 동력을 잃지 않아야 현실을 바꿔 나갈 수 있다. 그러기 위해서는 정확하고 충분한 정보가 필요하다. IB를 선택한 사람들에게, 나아가 IB와 같은 새로운 교육 프로그램이 우리 교육 전반에 적용되기를 희망하는 사람들에게 이 책이 조금이나마 도움이 되길 간절히 바란다.

일러두기

각 장은 다음과 같은 내용을 담고 있다.

1장 수능 시대의 종말

한국 입시의 중심에 수능이 있다. 현재 수능 체제가 무엇이 문제이고 어떤 부작용을 만들어 내고 있는지 자세히 살펴본다. 사람들은 수능이 문제가 많다고 얘기하지만, 막상 자세히 들여다보지는 않는다. 문제를 짚기 위해서는 현실을 직시하는 것에서부터 출발해야 한다. 그래야 어떤 해답이 필요한지도 알아차릴 수 있다. 우선 수능의 민낯을 직관적으로 이해하기 위해 각 분야의 명사와 원어민을 모아 그들에게 수능을 실제 시험과 동일한 환경에서 풀게 하고 그 결과를 확인했다. 그다음 시험 결과를 들고 여러 전문가를 만나 문제점을 심도 있게 확인했다. 1장에서는 객관식 일변도인 한국의 시험 체계를 파헤치며 우리를 짓눌렀던 수능의 신화를 하나씩 깨트린다.

2장 미로 속의 대입 제도

객관식 중심의 시험 제도를 바꾸려는 노력은 사실상 현실적으로 벅찬 일이다. 하지만 우리 교육은 더 많은 문제를 안고 있다. 대표적으로 시험 성적을 상대평가로 나누는 것이 심각한 부작용을 만들어낸다. 한국 교육은 '객관식 시험+상대평가'라는 보기 드문 시험 제도를 운영하고 있으며, 이 둘이 결합하여 우리 교육을 극도로 악화시킨다. 2장에서는 상대평가가 학생들에게 어떤 악영향을 주는지, 또 객관식+상대평가 체제가 교육 환경을 어떻게 파괴하는지 살펴본다. 그리고 이 둘이 결합한 평가 제도가 어떻게 21세기 미래 교육을 막고, 또 교육 제도를 난맥으로 만드는지 짚어 본다.

3장 한국 교육의 탈출구, IB

IB는 한국 교육 환경이 요구하는 다양한 조건을 충족해 줄 매우 만족스러운 롤 모델이라 할 수 있다. IB는 향후 한국 교육의 전환 방향에 큰 영향을 줄 것이며, 수능 이후의 시험인 한국형 바칼로레아를 만드는 핵심 레퍼런스가 될 것이다. 동시에 IB 프로그램이 한국 교육에 실제 도입되어 확대되고 있다. 당장 수능을 원치 않은 사람들에게 현실적으로 선택할 수 있는 옵션이 되었다. IB 학교에 관심을 가진 학생과 학부모들이 점점 늘어 가고 있다. 3장에서는 IB가 무엇이며, IB 교육 프로그램은 어떻게 이뤄지고 있는지, 왜 대한민국 교육계가 IB에 주목하게 되었는지 꼼꼼하게 살펴본다.

4장 IB 커리큘럼과 평가 시스템

4장에서는 IB가 실제 어떤 과목으로 구성되어 있고, 또 과목별 수업들이 어떻게 진행되는지, 또 그에 맞춰 시험은 어떻게 치러지는지 상세하게 살펴볼 것이다. IB 학교에 진학을 고려하는 학생, 학부모에게 직접적으로 필요한 중요 정보들이 담겨 있다. 4장에서 눈여겨봐야 할 것은 시험이 달라지면 수업이 어떻게 달라지는지다. 한국처럼 시험의 영향력이 큰 사회에서 시험을 바꿀 때 변화하는 수업의 모습은 더 획기적일 수밖에 없다. 또한 논서술형 채점이 어떻게 공정하게 채점되는지도 자세히 확인할 수 있다.

5장 IB가 불러온 놀라운 변화들

다큐멘터리 촬영팀은 수업 현장을 꼼꼼히 기록했다. 그 과정에서 IB가 보여 주는 빛나는 순간들을 담을 수 있었다. 50명 이상의 학생들, 과목별 교사, 학부모를 만나 심층 인터뷰를 진행했고, 진학지도 담당 교사, 교감과 교장, 교육청 관계자를 만나 자세한 이야기를 들었다. 무엇보다 학부모의 목소리를 놓치고 싶지 않았다. 5장이야말로 이 책의 의의이자, 지금까지 출간된 IB 관련 책들과 다른 가장 큰 차별점이라 할 수 있다. 피상적으로 엿볼 수밖에 없었던 IB 수업 풍경을 종합적으로, 또 생생하게 전한다.

6장 IB, 한국 공교육에 들어오다

실제 IB 학교에 가고 싶은 학생들과 학부모들의 현실적인 궁금증에 집중한다. IB는 거스를 수 없는 거대한 변화의 물결이지만, 빠른 속도로 우리 교육 현장에 들어오고 있어서 현황을 파악하고 진행 속도와 방향을 예측하는 것이 쉽지 않다. 자녀를 IB 학교에 보내는 게 좋을지, 어떤 IB 학교에 보내야 하는지, 어떤 일이 앞으로 영향을 줄지 잘 살펴볼 필요가 있다. 그래서 6장에서는 IB 학교 진학에 관심이 있는 사람들이 궁금해하는 실용적인 정보를 다룬다. IB가 어떻게 한국에 도입되었는지 간략하게 살펴보고, IB의 도입, 확산 현황 및 전망을 자세히 살펴본다. 특히 IB가 한국의 대학 입시 환경에서 어떻게 적용될지 설명한다.

7장 패러다임 대전환의 시대

한국의 교육 현실에서는 당면한 대입에 모든 관심을 집중할 수밖에 없다. 더 먼 미래는 가늠하기 어렵고 또 대학만 잘 가면 만사형통일 것이라 기대하기 때문이다. 하지만 대입 문제에만 집착하다 보면 우리가 왜 고민하고 무엇을 생각해야 하는지 길을 잃고 입시 제도의 미세한 변화에만 과몰입하기 쉽다. 7장에서는 눈을 넓혀 취업이라는 관점에서 교육과 대입 문제, 그리고 큰 그림 안에서 IB를 바라본다. IB는 형편이나 환경이 따라 주는 사람들이 선택하는 하나의 옵션처럼 보이기 쉽지만, 넓게 보면 입시, 대학, 취업의 방향을 읽을 수 있는 중요한 시사점을 담고 있다.

• 이 책에서 별도 언급이 없는 경우 IB는 고등학생들이 받는 학위 수여 과정(IB DP)을 기준으로 설명하고 있다는 점을 밝힌다. IB를 입시 문제 해결 모델로 바라보고, 다큐멘터리 〈교실 이데아〉 제작과 이 책 집필 과정에서 DP 과정에 집중했다. IB의 꽃은 DP라는 말이 있는데, DP를 중심에 두는 것은 IB 전체를 이해하는 데도 도움이 될 것이라 믿는다.

• 다큐멘터리를 제작하면서 만난 수많은 전문가, IB 교사와 학생, 학부모의 인터뷰 내용을 직간접 인용으로 많이 소개했다. 그들의 목소리를 생생하게 전달하고 싶었기 때문이다. 인터뷰 인용 후 단락 내에서 인터뷰이의 생각을 추가할 때 직간접 인용 표시 없이 풀어 설명하기도 했다는 점을 밝힌다.

• 책에 소개되는 인물들의 소속, 직위, 학년 등은 방송이 제작되던 2023년을 기준으로 서술되었다.

1장
수능 시대의 종말

수학능력시험을 진단하다

　적막한 교실에서 명사들이 수능을 치르고 있다. 쥐 죽은 듯 고요한 시험장에서 다큐멘터리 〈교실 이데아〉 촬영팀은 그들의 몸짓에 따라 카메라를 움직인다. 우리나라에서 둘째가라면 서러울 명사들이 대입 시험을 치르는 모습은 진지함 그 자체다. 그들은 마지막 종이 치는 순간까지 사력을 다한다. 왜 그들은 이렇게까지 열심히 문제를 풀고 있는 것일까? 시험이 많은 한국에 살다 보니 시험지가 앞에 놓이면 일단 풀어내겠다는 마음이 자동으로 장전되는 것일까? 그래서 시험을 알리는 시작종이 치는 순간 여지없이, 또 맹렬히 시험의 세계로 뛰어드는 것일까?

대통령의 생각을 글로 담는 일을 했던 강원국은 여러 베스트셀러를 써낸 글쓰기의 달인이고, 『아버지의 해방일지』를 쓴 정지아는 간결한 글로 인생의 본질을 포착하는 소설가다. 천관율은 속보 싸움에 능한 전형적인 특종 기자가 아니라, 데이터를 수집하고 깊은 사고를 통해 우리가 알고 있던 것들의 진짜 의미와 현상의 맥락을 설명해 내는 기자다. 아나운서 오승훈은 방송사 내에서도 잘 알려진 학구파다. 카이스트, 아나운서 그리고 변호사까지, 그가 넘었을 수많은 시험이 떠오른다. 이렇게 글과 말을 업으로 삼는 사람들이 지금 수능을 치르고 있다.

〈교실 이데아〉에서 참가자들의 라인업은 무엇보다 중요했다. 달을 가리킬 때 손가락을 보지 않게 할 만큼 능력자여야 했기 때문이다. 특히 조용히 연구만 하는 수학 분야의 명사들을 카메라 앞에 세우기는 쉽지 않았다. 한국 최초의 우주인 이소연을 비롯해 국방과학연구소의 공학자들, 충남대 수학과 교수 오덕순, 서울대 수리과학부 교수 서인석까지, 그중에서도 서인석은 수능과 모의고사에서 수학 문제를 단 한 번도 틀린 적이 없는 것으로 유명하다. 지금껏 20년간 수학 연구에 매진해 온 그가 다시 수능을 보면 몇 점을 받을지 제작진의 궁금증이 쏠렸다. 게다가 이런 라인업이라면 누구

수능 점수를 받고 놀라는 참가자들

도 결과에 대해 왈가왈부하지 못할 것임이 분명했다.

이보다 앞서 2023년 초가을, 영국 옥스퍼드대 재학생과 선발형 공립 고등학교인 다포드 그래머 스쿨의 최상위 학생들을 대상으로 2019학년도 영어 영역 시험을 진행했다. 영국 최상위 학생들의 시험 결과야말로 수능의 본모습을 가장 분명하게 보여 줄 것이라 믿었다. 영국의 학생들은 모두 뛰어난 지적 호기심과 책임감으로 시험에 임했다.

그런데 시험이 끝나 갈수록 참가자들의 얼굴에 짙은 피로감이 드러났다. 깊게 내쉬는 숨결과 웅크린 모습에서 그들이 시험과 사투를 벌였다는 것을 실감할 수 있었다. 아무리 수능이 어렵다고 해도 참가자들의 실력이 수능의 '악명'을 누르지 않을까? 참가자 모두 각 영역에서 최고의 능력을 지닌 만큼 고득점을 받을 거라는 예측도 있었다. 그러나 시험 결과는 충격적이었다. 국어와 수학 영역의 평균 점수는 100점 만점에 50점대에 머물렀고, 영어 영역의 평균 점수는 88.5점으로 국어와 수학보다는 높았지만, 절대평가 기준으로는 2등급에 해당했다.

점수도 점수였지만, 참가자 모두 수능의 문제점을 심각하게 고민해 봐야 한다고 목소리를 모았다. 〈교실 이데아〉가 방영된 뒤 시청자 중에서는 '명사들이라 해도 아무 준비 없

다포드 그래머 스쿨 점수 공개

이 갑자기 수능을 보라면 잘 볼 수 있겠느냐', '명사들이 못
봤다고 해서 수능에 문제가 있다는 식의 주장은 합당하지
않다', '명사들이 시험공부를 6개월만 해도 시험을 잘 볼 것
이니 시험 자체에는 문제가 없다'는 등의 반론도 제기되었
다. 그렇다면 역으로 이렇게 묻고 싶다. 수십 년간 그 분야의
전문가로 활동해 온 명사들에게 시험공부할 시간을 주어야
한다는 게 더 이상한 것은 아닐까?

만약 공무원들이 공무원 시험을 다시 본다면 얼마나 합격
할 수 있을까? 예능의 신 김태호 PD나 나영석 PD가 방송
사 상식 시험을 다시 보면 그 결과는 어떨까? 영어를 못 해
도 토익 점수가 높은 사람들이 있다. 이처럼 한국 사회에서

는 단지 변별 자체가 목적인, 그래서 시험의 타당성이 떨어지는 시험이 유독 많다. 그런데 운전해 본 사람들은 도로 주행 시험을 다시 봐도 떨어지지 않는다. 블라인드 테스트로 진행된다고 해도 음대 입시생들 사이에 껴서 연주하는 유명 피아니스트의 선율은 확연히 다르다. 이렇듯 세상에는 타당성 높은 테스트도 많다. 즉 언어를 자유자재로 사용하는 작가, 기자, 아나운서라면, 수십 년간 매일 수학과 씨름하는 수학자라면, 태어나서부터 영어가 모국어인 사람이라면 시험 점수는 만점에 가까워야 한다. 그렇지 않다면 그 시험은 무엇인가 이상한 시험이다.

수능은 부족한 시험이다

한국은 수능과 함께 내신조차도 객관식이 굉장히 높은 비중을 차지하는, 그래서 객관식이 시험 전체를 지배하는, 한마디로 객관식 시험의 왕국이라고 할 수 있습니다. 이런 나라는 사실 선진국 중에 전무합니다.

교육평론가 이범의 말이다. 수학능력시험은 객관식 시험

이다(수학 일부 문제는 단답형). 수능의 문제와 한계를 이해하려면 우선 수능이 객관식 시험이라는 점에 주목해야 한다. 이법에 따르면, 대부분의 선진국 입시는 논서술형 중심으로 치러진다. 내신도 마찬가지다. OECD 38개국 가운데 객관식 대입 시험을 치르는 나라는 한국을 빼면 터키, 칠레, 멕시코, 미국, 일본, 스웨덴으로 6개국 정도다. 이 중 미국, 일본, 스웨덴의 상황을 간략히 살펴보자.

먼저 미국은 대학 지원을 위해 S.A.T라는 시험을 치르는데, S.A.T 점수는 학생의 최저 학력 수준을 확인하는 정도로 사용되므로 실제 대입에서의 영향력은 한국과 다르다. 일본에는 센터시험(지금의 대학입학공통테스트)이라는 객관식 중심의 대입 시험이 있지만, 대학별 본고사를 중심으로 하기 때문에 한국처럼 큰 비중을 차지하지 않는다. 스웨덴은 내신 성적을 중심으로 학생을 선발하지만, 고등학교 졸업 후 바로 대학에 진학하지 않고 20대 중반이나 30대에 진학하는 비율이 높다 보니 이들을 배려한 객관식 입시 전형이 운영된다. 일종의 사회적 특성을 반영한 보조 장치인 셈이다. 재학생 중에서도 내신 점수 합산만으로는 불리하다고 판단되면 별도로 신청해서 시험을 볼 수 있다. 이렇듯 같은 객관식 시험이라고 해도 그 비중은 한국과 상당히 다르다.

교육 여건이 넉넉하지 않았던 개발도상국 시절을 생각하면, 채점에 비용이 적게 드는 객관식 시험이 손쉬운 선택이었을 것이다. 객관식 시험은 대규모 인원을 손쉽게 평가할 수 있고, 채점에 개입하기가 어려워 채용과 입시 비리를 방지한다는 점에서 큰 장점이 있기 때문이다. 또한 한국에서는 입시가 인생을 좌우하는 만큼 결과에 예민할 수밖에 없다. 무엇보다 객관식은 점수를 미세하게 나눌 수 있어서 한국인이 요구하는 공정성에 부응할 뿐 아니라 교육적 측면에서도 무엇을 알고 모르는지를 파악하는 데 용이하다. 이 같은 장점 때문에 객관식 시험은 우리 교육 현장에서 더 크게 환영받아 왔다.

　객관식 시험은 서구에서 개발한 시험 제도다.『시험 국민의 탄생』을 쓴 교육학자 이경숙에 따르면, 19세기 말 유럽과 미국에서 신분 제도가 무너지고 대중 사회가 도래하면서 새로운 사회 질서를 지탱할 엘리트와 관료를 선발할 방편이 필요했다. 또한 산업이 고도화되고 자본주의가 발전하면서 가치가 환전(수량화)되어야 한다는 인식이 자리 잡았다. 이에 따라 20세기 초부터 지능 검사 연구가 활발해졌고, 1914년경 프레데릭 켈리에 의해 객관식 시험의 전형인 선다형 시험Multiple-choice question이 개발되었다. 선다형 시험을 통해 소수의 관리가 대규모 집단을 더 빠르게 평가하고 선발하는 것이 가능해지자, 미군에서는 신병을 대상으로 한 대규모 지능 검사에 객관식 시험을 도입했고, 1920년에는 100만 명의 아이들이 지능 검사를 받았다.

객관식 시험이 한국 사회에 도입된 데는 미국에서 공부한 유학생들의 역할이 컸다. 이 새로운 시험은 당시 과학이자 서구화의 상징이었던 만큼, 그들은 지능 검사와 객관식 시험의 맹렬한 전도사가 되었다. 객관식 시험에 대한 저항도 있기는 했지만 한국전쟁 당시 평가가 용이하다는 이유로 대학 입시에 전격적으로 도입되었고, 이후 군부 쿠데타가 일어날 때마다 정부는 입시 부정부패를 막는 사회 정화의 방편으로 객관식 중용을 선언했다. 1961년에는 중등학교와 대학교의 입학시험을 객관식 중심의 시험으로 국가가 직접 출제하겠다고 선언했고, 1960년대 후반부터는 주관식으로 치러지는 대학 본고사의 비율을 낮추고 객관식으로 된 예비고사 반영 비율을 높여 갔다. 1980년에는 신군부가 교육 정상화와 과열된 과외 문제 해소를 목표로 예비고사와 본고사를 폐지하고 학력고사를 전면 실시했다. 이때부터 객관식으로 이루어진 학력고사가 합격 선발의 당락을 좌우하는 유일한 시험이 되었다.

그 결과, 객관식 시험은 공정성을 담보한다는 명분으로 국가가 시험을 통제하는 효율적인 시스템으로 공고히 자리 잡았고, 공무원 시험 같은 국가 고시도 점차 객관식 시험 체제로 전환되었다. 그렇게 객관식 시험은 아주 짧은 시간에 대한민국 시험을 지배했다. 이후 1994년에 수학능력시험이 도입되어 전보다 진일보했다는 평가를 받았지만, 객관식 시험이라는 점에서는 학력고사와 같았다.

그러나 사실 객관식 시험을 만든 서구 사회는 정작 학생 평가를 설계하는 데 객관식을 중용하지 않는다. 그 이유는 분명하다. 평가할 영역이 지나치게 제한적이기 때문이다. 미국의 교육 심리학자 벤저민 블룸은 학생들의 인지 발달을 위해 요구되는 학습 목표를 기억, 이해, 응용, 분석, 평가, 창조라는 여섯 가지 단계로 분류했다. 문제는 수능과 같은 객관식 시험이 학습 목표 분류의 가장 하위 단계인 기억을 평가하는 데 적합하다는 점이다. 다시 말해 기본적인 지식을 암기했는지, 개념을 이해하고 적용할 수 있는지를 묻는 데만 편리한 시험이다. 수학능력시험을 개발한 초대 국가교육과정평가원장 박도순은 수능을 가리켜 교육과정에서 평가하고자 하는 능력의 3분의 1 정도를 평가할 수 있는 시험이라고 말했다. 태생적으로 한계가 명확한 시험이라는 뜻이다.

블룸의 학습 목표 분류

새롭거나 독창적인 작업 ─────• **창조**
설계, 종합, 구성, 개발, 형식화, 저작

의견을 정당화하는 작업 ─────• **평가**
감정, 논쟁, 방어, 판단, 선택,
지지, 가치 부여, 비판

분석
아이디어 연결하는 작업
주분, 조직화, 비교와 대조, 구별,
검토, 실험, 질문

응용
새로운 상황에 정보 활용
실행, 풀기, 사용, 시연, 계획

이해
개념 설명
분류, 기술, 설명, 확인, 인지, 보고, 선별

기억
사실과 기본 개념 회상
정의, 복사, 목록화, 암기, 반복, 진술

출처: 『대한민국의 시험』

수능 문제를 살펴보면 내용의 특수성은 사라지고 암기력과 개념 이해력 측정 위주인 것을 알 수 있다. 예를 들어 수능 국어 영역에서 시 한 편이 출제된다면 시험 문제는 특정 시어를 지목하고 여러 보기에서 해당 시어와 상반된 의미를 지닌 단어를 찾게 한다. 제시된 시를 읽고 어떤 것을 느끼는지 묻지 않는다. 자신만의 관점으로 시의 가치를 모색하거나 직접 시를 써 보는 일도 이루어지지 않는다. 시험이 문학의 본질에서 멀어져 논리력, 사고력만을 측정하는 도구로 사용되는 것이다. 벤저민 블룸의 학습 목표 분류에 따르면 분석, 평가, 창조라는 상위 단계를 배제하기 때문이다.

소설도 마찬가지다. 수능에 출제되는 소설은 여러 등장인물이 쏟아져 나오는 지문 한 토막을 읽게 한 뒤 인물 관계와 내용을 파악하라고 요구한다. 〈교실 이데아〉에서 수능을 본 소설가 정지아는 이렇게 시험을 평가했다.

박태원 작가의 소설이 지문으로 나왔는데, 내용이 앞과 뒤만 있고 중간 부분이 생략되어 있어서 박태원 문학의 핵심이 뭔지 알 수 없었습니다. 다 찢어발기고 나누어서 미세하게 틀린 것만 찾게 하는 시험이에요. 사실 국어는 읽은 글을 내 삶 속으로 어떻게 스며들게 할 것인지, 그리고 내 인생과 세상에 대해 고민하는 것이 목적이 되어야 한다고 생각하는데, 이 시험은 그냥 정보 처리 능력을 확인하는 시험 같았어요.

정보 처리 능력, 즉 다채로운 해석을 버리고 단순하게 0과 1로 계산하듯 처리하는 능력. 수능이 굳이 소설을 읽게 하고 평가하는 방식이다. 이를 위해 학생에게 필요한 능력은 글을 깊이 이해하고 자신의 언어로 표현하기보다는 빠른 눈동자 굴리기로 지문과 선지를 대조하는 것이 된다.

소설가 김영하는 교과서에 자기 작품을 수록하는 것을 반대해서 큰 화제를 모았다. 그는 "작품 원문 전체가 실리지 않는다면 내적 완결성이 사라지고 문학이 문장으로 환원되며, 교과서 저자들의 맥락 속에 폭력적으로 편입되고, 결국 입시 도구가 되고 만다"고 지적해 많은 공감을 얻었다. 이는 작품을 수용하는 학생들에게도 폭력적으로 작용한다. 짧은 지문을 읽고 이해하는 훈련은 인간을 '세계를 해석하고 재구성하는 수준 높은 지적 탐험가'에서 단순히 '주어진 지시에 잘 따르도록 조련된 수동적인 인간'으로 전락시키는 일이기 때문이다. 정해진 답을 찾는 일은 상상력과 다양한 시선을 '평균에서 벗어나는 일탈'로 만들고, 분절된 여러 지문을 무감각하게 '처리'하는 일은 오히려 문학과 멀어지는 과정이 되고 만다.

읽기와 듣기를 잘한다는 것은 말하는 사람의 범주를 벗어나지 못하는 일이고, 또 말한 사람의 수준을 뛰어넘지 못한다는 뜻입니다. 결국 듣고 읽는 대상에 매몰될 수밖에 없습니다. 그건 우물 안에 개구리가 되는 것이에요. 그런데 한 번도 들어 보지 못한, 읽어 보지 못한 것을 요구하는 시대에는 말하고 쓰는 능력이 창의성과 더 연결됩니다.

작가 강원국의 이와 같은 지적처럼, 수능은 읽기 평가에 치중된 시험이다. 말하기 쓰기 평가는 시간과 비용 면에서 부담될뿐더러 공정하게 채점이 이루어질 수 없다고 봤기 때문이다. 그런데 말하고 쓰는 능력을 평가하지 않은 채 오로지 읽기만으로 학생의 언어 능력을 온전하게 측정했다고 할 수 있을까?

더군다나 외국어 시험이 읽기에 치중된다는 것은 매우 심각한 문제다. 영어를 이중 언어가 아닌 외국어로 사용하는 한국에서는 일상에서 일정 수준 이상의 언어 사용을 경험하기 어렵기 때문이다. 오랜 기간 옥스퍼드대 입학처장을 맡았던 옥스퍼드대 언어학과 교수 조지은에 따르면, 객관식 시험을 위해 준비하는 공부는 휘발성이 매우 강하다. 언어는 읽고 들은 것을 말하고 쓰는 과정인데, 그런 순환 과정이 단절된 학습은 뇌에 임팩트를 남기지 못하기 때문이다. 듣고 읽고 말하고 쓰는 언어의 네 가지 영역을 사용하지 못하면 언어 습득 속도는 떨어질 수밖에 없다. 읽기에서도 단어 하나가 내재화되기 위해서는 반드시 상호작용과 맥락화 과정이 필요한데, 단순한 단어 암기나 정답 맞히기로는 실질적인 언어 사용 능력을 키울 수 없다. 다시 말해 학생들이 말하기와 쓰기를 배우지 못하면 읽기 능력도 효과적으로 길러 내지 못하는 것이고, 이는 수능이라는 체계를 유지하기 위해 효과적인 언어 습득 기회를 희생하는 것이나 다름없다.

물론 수능에도 말하기, 쓰기 평가가 있다. 쓰기 평가의 경우 글의 흐름에 맞지 않는 문장을 골라내거나 지문 이후에 전개될 내용을 보기 ⓐ ⓑ ⓒ에 맞춰 순서대로 배열하라고 요구한다. 글을 쓰기 위해서는 논리적으로 글을 배치하는 능력이 필요하므로 이런 방식의 문제를 통해 간접적으로나마 쓰기 능력을 평가하는 것이다. 하지만 이런 쓰기나 말하기 시험을 잘 풀어도 글 한 줄, 말 한마디 못 하는 게 현실이다. 수능 시험에 참여한 옥스퍼드대 학생들은 대입에서

30~40퍼센트의 학생이 수능 점수만으로 명문 대학에 들어간다는 사실에 고개를 갸웃했다. 쓰기와 말하기가 없는 시험을 평가의 전부로 삼는 일이 의아했던 것이다.

그렇다면 수학은 어떨까? 사람들은 객관식 시험으로도 충분히 수학적 사고가 길러질 수 있다고 생각한다. 국어나 영어와 달리 수학은 딱 떨어지는 정답이 있는 세계라는 것이다. 교육과혁신연구소 소장 이혜정에 따르면, 이러한 인식이 자리 잡은 이유는 우리나라의 수학 교육과 평가가 입문 단계인 리터러시 교육에 머물러 있기 때문이다. 리터러시 교육은 각 학문이나 교과에서 사용하는 언어, 규칙, 소통 방식 같은 기본 개념을 익히는 문해 교육 단계를 말한다. 문학을 해석하고 창작하려면 우선 한글을 익혀야 하고, 음악을 감상하고 작곡하려면 우선 악보를 볼 줄 알아야 하는 것처럼, 수학도 숫자, 가감승제, 방정식, 함수 등의 기본 개념을 익혀야 한다. 진정한 수학적 능력은 세상을 수학적으로 이해하고 설명하며, 정해지지 않았거나 알려지지 않은 문제에서 정답을 찾아내는 힘이다. 그러나 우리 교육은 이러한 수학적 사고 능력의 측정을 외면해 왔다.

미국 S.A.T 수학 출제위원과 하버드대 입시 사정관을 역임한 엘카미노대 수학과 교수 폴 윤은 수학적 활동을 크게

평가해야 할 학생의 능력

객관식 시험이
평가할 수 없는 학생의 능력

객관식 시험이
평가할 수 있는 학생의 능력

두 단계로 나누었다. 첫 번째는 모델링으로, 경제, 사회, 공학 등 다양한 영역에서 발생한 문제를 수학적으로 표출하는 단계다. 두 번째는 수학적으로 정리한 문제를 계산하는 단계다. 폴 윤은 현실에서는 모델링 단계가 중요한데, 수능은 이 단계를 평가하지 않는다고 지적하며 수능이 주어진 문제에 정해진 답을 맞히는, 단순히 계산 능력을 평가하는 데 적합한 시험이라고 설명했다. 예를 들어 미국의 수학 교과서는 상당히 두꺼워 분량이 1,000쪽이 넘기도 하고 수치 이상으로 글줄이 빽빽하게 채워져 있다. 계산을 넘어 다양한 상황에서 응용할 수 있는 경험을 중시하다 보니 설명도 길어질 수밖에 없는 것이다. 이는 곧 수학적 활동에서 모델링 능력을 중시한다는 의미이기도 하다.

수능의 가장 근본적인 문제는 시험의 '전부'라기에는 부족한 시험이라는 점이다. 이는 수능이 선다형 객관식 시험이라는 틀에서 벗어나지 않는 한 받아들여야 할 태생적 한계다. 그런데도 수능에 대한 논의는 객관식 시험 내에서 얼마나 문제가 적절하게 출제되고 있는지를 따지는 일에 매몰되어 있다. 객관식 시험은 시험의 전부가 아니라 시험의 '일부'여야 한다. 또는 더 큰 시험을 준비하는 예비 시험에 머물러야 한다. 하지만 한국에서는 수능이라는 객관식 시험으로 수험생을 한 줄로만 세우고 있다.

수능은 불공정한 시험이다

수능의 문제는 객관식 시험의 태생적 한계를 확인하는 것만으로도 충분하다. 그런데 한국 사회의 저변에는 수능이 고도로 발달한 시험이며, 따라서 이런 시험을 풀 줄 아는 게 진짜 실력이라는 신화가 깔려 있다. 수능은 객관식의 한계를 극복한 것일까? 아니면 더 괴이해진 것일까?

전문가들은 학생을 줄 세우기 위해 난도를 높이는 것은

생각보다 어려운 일이 아니라고 한목소리로 말한다. 시험 시간을 줄일 수도 있고 문항 수를 늘릴 수도 있다. 대학원생 이상이 이해할 수준의 어려운 지문을 낼 수도 있고, 난해한 책의 한 부분을 툭 잘라 낼 수도 있다. 지문의 길이를 늘이는 것도 방법이다. 복잡한 계산을 많이 시켜 시간을 부족하게 만들 수도 있고, 문제를 꼬아 낼 수도 있으며, 지루한 산수(계산)를 시킬 수도 있다. 이렇게 여러 '기술'을 쓰면 난도를 올리고 변별력을 높이기 쉽다.

물론 현실에서는 단순히 난도를 올리거나 내리는 기술을 넘어 전체적으로 가지런한 줄 세우기에 성공해야 한다. 수능의 난도는 해마다 큰 관심사가 되어 왔다. 이른바 '물수능'은 상위 변별에 실패한 것이고, '불수능'은 중하위 변별에 실패한 것이다. 논란이 생길 때마다 한국교육과정평가원장이 사과하고 자리에서 물러나곤 했다. 그래서 교육 당국은 가지런한 줄 세우기를 최우선 과제로 삼았다. 교육적 가치가 부족한 문제들로 채워도 줄 세우기만 잘 이루어지면 성공한 시험으로 평가받기 때문이다. 하지만 문제는 이런 방법으로는 응시자의 진짜 능력을 확인할 수 없다는 사실이다. 시험이 현실의 여러 이슈를 감안한 공학적 접근에만 몰두할수록 학생들의 공부는 수능 점수에는 도움이 될지언정, 객관식 시험을 통해 기대할 수 있는 최소한의 기초 학력조차 온전히 쌓을 수 없게 된다.

객관식 시험이 기초 학력을 평가하는 데 효과적이라는 것은 시험을 왜곡하지 않는 한 일정 수준 이상으로 시험이 어려워지기 힘들다는 뜻이기도 하다. 제한된 자원으로 고도의 변별을 해내야 할 때, 달리 말하면 객관식 시험으로 최상위권 학생들을 변별하려 할 때 시험은 파행으로 치닫는다. 제아무리 수험생의 능력을 1점 단위로도 구분할 수 있고 누가 채점해도 점수가 같다는 높은 신뢰성을 가지더라도, 타당성이 떨어지면 그 시험은 공정한 시험이 될 수 없다.

수능 30년의 역사 동안 이러한 여러 논란과 갈등이 있었다. 그때마다 교육 당국은 비판받는 지점들을 조정해 왔지만, 동시에 다른 영역에서 불공정한 허들을 개발해 왔다. 한국 사회는 그런 수능을 잘 보는 것을 '유능'이라 말하고, 시험을 잘 본 학생들에게는 좋은 대학에 들어갈 기회를 제공했다. 그렇게 수능이라는 잣대는 막강한 변별 기준이 되었다. 그런데 이런 수능이 사실은 실제 실력을 가늠하는 공정한 기준을 무너뜨리고 학생들을 오히려 무능하게 만들고 있는 것이라면 어떻겠는가? 〈교실 이데아〉에서 수능을 본 영역별 최고 전문가들의 점수가 매우 낮은 이유를 여기서 찾아야 한다.

수능 국어 영역에 도전한 명사들 모두 지문과 문제를 읽어 내는 데 허덕였다. 한두 지문은 아예 읽지도 못하고 찍었다는 명사도 있었다. 정지아는 동료 작가들보다 읽는 속도가 빠른 사람인데 속독에 능한 그에게도 수능 지문은 너무 길었다. 현재 수능 지문의 길이는 전에 비해 줄어든 편이다. 하지만 여전히 글을 온전히 읽을 시간을 주지 않고 필요한 것만 서둘러 읽어 내야 하는, 정상적이지 않은 글 읽기를 강요하고 있다. 긴 글을 시간 내에 읽기 위해 학생들은 얼마나 마음을 졸이며 서두르는가? 느려 터진 글 읽기 속도에 얼마나 많은 자괴감을 느끼는가? "수능 문제를 시간제한 없이 다 풀면 '인서울'에 들 수 있고, 시간 내에 다 풀면 명문 대학에 갈 수 있다"는 어느 유명 일타강사의 조언은 현실적으로 유용할 수 있다. 그러나 대학에 가기 위해 왜 지문과 문제를 빨리 읽고 푸는 능력을 길러야 하는지는 회의적이다.

근래 문해력 저하가 사회적 문제로 제기되었다. MZ 세대, 알파 세대 등 세대마다 쓰는 말이 다르고 디지털 원주민이라 불릴 만큼 텍스트 활용 정도가 낮아지면서 생기는 '자연스러운' 현상으로 봐야 한다는 의견도 있다. 그렇지만 현재 우리나라 교육은 상당히 혹독하게 문해력 훈련을 시키고 있다. 그에 맞춰 대다수의 중고등학생이 글을 읽고 이해하는 훈련을 하는 데 많은 시간을 할애한다. 그런데도 학생들의 어휘 사용 수준이나 문해력은 현저히 떨어지고 있다.

수능은 정해진 시간 내에 자신의 인지 전략과 인지 자원을 잘 활용하는지는 측정할 수 있지만, 글을 읽고 깊이 이해하고 해석하고 자신의 삶과 연결해서 문제를 해결하는 방식으로 활용할 수 있는 능력을 측정하기는 어렵습니다.

한양대 국어교육과 교수 조병영의 말처럼, 시험 상황에서 요구되는 글 읽기 능력과 실제 삶 속에서 요구되는 글 읽기 능력은 매우 다르다. 수능은 글을 빨리 읽도록 종용한다. 빨리 읽는 것이 잘하는 것이고, 천천히 읽는 것이 무능한 것이라는 메시지를 끊임없이 전달한다. 빨리 읽는 연습은 대충 읽는 연습이고, 글을 충실히 이해하지 못한 채 문제 풀이에만 집중하는 연습이다. 그래서 수능 문제는 맞히는데 정작 글은 제대로 이해하지 못하는 일이 벌어진다. 한편으로는 빠른 글 읽기에 좌절하는 학생들이 아예 공부를 포기하는 문제가 발생하기도 하다. 그래서 열심히 공부한 학생은 학생대로, 공부를 포기한 학생은 학생대로 문해력이 저하된

빨리 풀기: 타임 어택

다. 여기서 말하고자 하는 것은 수능 지문이 더 짧아져야 한
다는 게 아니다. 긴 지문은 문제 출제의 폭을 넓힌다. 중요한
것은 바로 시간 압박이 줄어야 한다는 것이다.

〈교실 이데아〉에서 수학 영역에 참여한 명사들도 시간 안
에 문제를 다 푸는 것이 불가능하다며, 시간 압박을 토로했

다. 명사들 가운데 서울대 수리과학부 교수 서인석은 97점이라는 높은 점수를 받았다. 수학 만점자 출신인 데다 오랜 세월 수학 연구에 매진해 온 그에게는 당연한 점수일 수 있는데도 시험이 끝난 후 그는 다른 명사들과 마찬가지로 '시간'을 언급했다.

수학 문제를 푸는데 시간이 정말 모자라더라고요. 다 풀고 나니까 검토할 시간이 없었어요. 저는 수학적 사고력을 요구하는 활동을 매일 하는 사람인데요. 그런 사람이 시간이 부족하다는 것은 고등학생이 이 시험을 안전하게 풀기 위해 필요한 것은 결국 정상적인 수학 활동이 아니라 이 문제를 풀기 위한 기술적 훈련이라는 게 너무 명백합니다. 그리고 이 시험을 보기 위해 필요한 능력은 제가 고등학교 때 배운 능력입니다. 이번 시험에서는 그때의 능력이 20년간 많이 감쇠해서 정말 버겁더라고요. 이게 문제인 것 같아요. 제가 20년간 해 온 수학이 이 시험에서는 전혀 도움이 안 된다는 것 자체가 우리가 이 시험에 대해 한 번 재고해 봐야 할 이유가 아닐까요.

수학 수능 시험에 참여한 명사 중에는 수능을 보지 않고 대학에 진학한 이들도 있다. 그들은 수능 점수는 그리 높지 않았지만, 현직에서 훌륭하게 전문성을 드러내고 있다. 이것이야말로 수능의 민낯을 적나라하게 보여 주는 예가 아닐까?

꼬인 문제와 선지: 매력적인 오답과 킬러 문항

영국의 다포드 그래머 스쿨에 재학 중인 학생들은 자신들의 수능 영어 영역 성적이 2등급 수준이며, 자신들보다 성적이 좋은 한국 학생이 5퍼센트 이상이라는 사실에 놀라움을 감추지 못했다. 난도가 높은 이 정도 시험에서 90점 이상을 맞을 정도라면 한국에는 영어를 잘하는 사람이 무척 많을 것이라 믿어 의심치 않았다. 그러나 우리는 그들의 칭찬과 현실이 다르다는 것을 잘 안다.

서울대 영어교육과 교수 이병민은 시험 결과의 허상을 꼬집는 연구 한 편을 소개했다. 「지문의 길이에 따른 영어 학습자들의 수능 빈칸 추론 지문 독해 양상 연구」(김태형, 2022년)이다. 이 연구에 따르면, 서울대 학생 중에서 TEPS 성적이 800점 이상인 학생을 대상으로 수능 영어 영역에 나오는 문제를 제시했는데, 27명 중 14명이 오답을 냈다. 연구자는 답을 맞힌 학생들을 따로 뽑아 문제를 얼마나 잘 이해했는지를 확인했다. 그 결과 정답자 13명 중 4명의 학생은 문제를 잘못 이해한 것으로 확인되었다. 이들은 운으로 찍었다기보다는 훈련을 통해 답만 맞춘 것이다. 즉 독해 능력이 아닌 어려운 문제를 풀어내는 기술만 익힌 것이다.

학교나 학원에서는 학생들에게 어려운 글을 효과적으로 읽는 훈련을 하게 한다. 이때 그림과 도표, 제목과 부제 등을 보고 내용의 핵심을 빨리, 그리고 정확하게 파악하는 언어 사용 전략을 배우는데, 이런 것들은 실제로 유능한 언어 사용자가 되기 위해 길러야 하는 능력이다. 하지만 서울대 영어교육과 교수 소영순은 "선다형 시험 문제는 정답을 고르는 기술을 기르는 데 시간을 많이 쓰게 하는데 그 훈련이 교육적으로 큰 의미가 없다"고 지적한다. 수능에서 고득점을 받기 위해서 기르는 '평가를 위한 전략Task taking strategy'은 그저 시험을 잘 보는 능력일 뿐 온전한 언어 사용 능력으로 볼 수 없다는 것이다. 실제 수능 영어 영역을 치러 본 옥스퍼드대 학생 사케스 수브라마니안은 "수능은 영어 시험으로 보이지 않는다. 그저 이런 시험 훈련을 누가 가장 많이 했는지 확인하는 테스트 같다"고 말했다. 이에 대해 천관율 기자는 다음과 같이 말한다.

빠르게 핵심을 파악하는 능력 자체는 중요합니다. 그런데 지금 문제들은 지문의 핵심을 묻는 문제만 존재하지는 않잖아요. 사실 이 문제들은 (난도를 올리기 위해) 어쩔 수 없이 몇 번씩 꼬게 되는데요. 그런데 함정을 피하는 능력이 살면서 중요하냐면 그건 다른 문제 같아요. 일상에서는 서로 최선을 다해서 합을 맞추려는 상황들이 많아서 일부러 골탕 먹이려는 식으로 언어를 다룬다기보다는 상대를 이해시키기 위해 최선을 다하는 상황이 훨씬 더 많죠. 그렇게 해도 이해가 잘 안되는 판에, 일부러 이해의 허들을 주는 상황은 시험에서야 익숙하겠지만, 일상에서 익숙하다는 생각은 잘 안 들었습니다.

2023년 수능 킬러 문항 논란 뒤에 치러진 2024학년도 수능은 논란을 부른 킬러 문제를 줄이는 데 성공했다는 평가가 나왔다. 입시 전문가들은 다양한 유형에서 '매력적인 오답'이 배치되어 변별력이 확보되었다는 관전평을 내놓았다. 그러나 사실은 지문을 늘리고 어려운 지식을 묻던 방식을 극단적으로 꼬아 놓은 방식으로 바꾸었을 뿐이다. 매력적인 오답 개발은 말 그대로 수능 체제를 근본적으로 개선하지는 못하는 매력적인 오답일 뿐이다.

킬러 문항 논란이 불거졌을 때, 무엇이 킬러 문항인지에 대한 기준부터 논란의 대상이었다. 한국교육과정평가원이 정답률이 낮더라도 교과 범위 내에서 출제했기 때문에 킬러 문제가 아니었다고 발표하자, 학생과 학부모의 비난이 쏟아졌다. 정답률이 한 자릿수인데 이게 킬러 문항이 아니면 무엇이냐는 반발이었다. 『수능 해킹』의 저자들은 킬러 문항을 출제 범위나 정답률보다는 실제 역량을 측정하지 않으면서 고도의 문제 풀이 기술을 익힌 사람만이 풀 수 있는 문제로 정의했다. 이런 문제들은 무수한 유형의 풀이법을 연마해 주어진 상황에 맞춰 즉각적으로 대응해 풀이하거나 지문 내용은 몰라도 답만 맞추는 스킬이 통용되는, 이른바 사교육의 영향이 강하게 미치는 문제들이다. 『수능 해킹』에서는 고도로 꼬인 문제에 사교육이 공략법을 제시해 주며, 입시를 좌우하는 현상을 '문제의 퍼즐화, 사고의 외주화'라고 불렀다. 시험은 현실에서 유의미한 능력을 측정하기 위해 고안된다. 하지만 일단 시험이 만들어지면 시험에서 고득점을 받는 것이 능력으로 규정된다. 정작 그것이 현실에서 의미 있는 능력이 아니라도 말이다.

난해한 지문

국어와 영어 같은 언어 능력을 측정할 때 난이도는 여러 요인에 의해 구성된다. 시험은 문제와 지문으로 나뉘는데,

지문의 경우에 언어적 측면(어려운 어휘의 사용 정도 등), 구조적 측면(문장 구조의 복잡도 등), 내용적 측면(배경지식의 요구 정도 등)에서 난도를 올리거나 내릴 수 있다.

수능에서 언어 능력을 측정하는 국어와 영어에는 고난도의 지문이 제시된다. 어느 정도 수준인가 하면, 수능 시험을 치른 옥스퍼드대 학생들은 수능의 특정 지문들이 A레벨 자국어 시험의 지문과 유사한 수준이라고 말했다. 지문의 수준을 높이기 위해 대학원생이나 전문가들이 읽는 글의 일부를 가지고 오는 경우도 적지 않았다. 이런 상황에서 학생들에게 수능을 잘 보라는 것은 사실 공교육이 제공하는 교육의 절대량에 비하면 비현실적인 요구다. 비현실적인 요구는 비정상적인 공부를 유도한다. EBS 연계율이 높았을 때는 EBS 문제집에 실린 어려운 영어 지문이 수능에 그대로 출제되기도 했는데, 어떻게든 정답을 맞혀야 하는 학생들이 직접 읽고 해석하는 과정을 포기하고 한국어로 번역된 지문을 달달 외우는 일까지 벌어졌다. 그런데 EBS 연계율이 낮아진 지금도 지문이 어렵게 출제되고 있다. 과거에 어려운 지문의 문제를 학생들이 맞혔다는 이유에서다.

한양대학교 국어교육학과 교수 조병영은 "우리가 문해력을 측정할 때 응시자가 글을 얼마나 잘 이해하는지를 볼 것이냐, 아니면 응시자가 얼마나 많은 지식을 가졌는지를 볼 것이냐를 분명히 구별해야 한다"고 말했다. 지식이 없으면 글을 읽을 수 없다. 하지만 너무 높은 수준의 지식을 요구하면 지식 자체를 측정하는 시험이 될 수밖에 없다.

2019년 9월 발표된 연구 논문 「How much knowledge is too little? When a lack of knowledge becomes a barrier to comprehension」(Tenaha O. knowled 외 2인)에 따르면, 모든 학생에게 배경지식이 없으면 대부분의 학생이 문제를 틀리기 때문에 학생 간 편차가 발생하지 않는다. 하지만 약간의 차이가 발생하는 지점부터 점수 차이가 확연하게 벌어지는 것을 확인할 수 있다. 즉 배경지식의 차이가 시험 결과의 차이를 만들어 낸다고 볼 수 있다. 만약 대학원생이나 전문가 수준의 지식을 요구하는 특정 주제나 영역의 시험이 출제된다면 편향이 발생한다. 특정한 지식을 얻을 수 있는 환경이 사회 계층, 소수 집단, 사교육 정도에 따라 달라질 수 있기 때문이다. 그래서 조병영은 "어려운 문제를 내서 변별하겠다는 것은 좋은 취지일 수 있으나, 그 변별이 되는 기저 요인들이 무엇인가를 생각해 보면 오히려 불공정해질 수 있다"고 말한다. 기대와는 반대의 결과를 낳는 것이다.

지문은 일반적으로 학교에서 12년 동안 공부했을 때 알

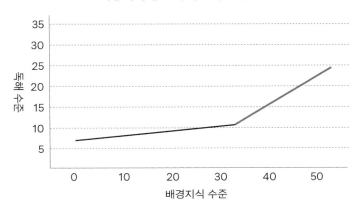

배경지식 정도에 따른 독해 수준 실험

수 있는 지식수준을 요구해야 대입 응시자에게 맞는 문해력 시험이라 할 수 있다. 그 수준을 벗어날수록 시험은 불공정해진다. 고난도의 지식수준을 요구하는 지문이 나올수록 내용을 이해 못 하더라도 답만 맞추는 방편이 필요하고, 사교육은 이런 문제를 해결하는 기술적 훈련을 익히는 데 주력한다. 그 결과 글을 온전히 읽고 이해하는 능력이 길러지는 데 어려움이 생긴다. 시험공부를 열심히 해도 정작 문해력이 길러지지 않는 이유가 여기에 있다.

사람들은 변별을 위해서는 어려운 지문도 출제되어야 한다고 생각하기 쉽다. 하지만 일반 수준에서 벗어날 정도로 어려운 글을 읽어야 한다는 것은 그 수준을 소화할 수 없는 일반 학생들을 배제하는 일이 된다. 모두가 독해에 도전해 누구는 10점을 받고 누구는 5점을 받는 것이 합당하다. 상당수의 학생이 도전조차 못 한다면 그런 시험은 부당한 시험이다.

맥락 없는 지문과 재미없는 지문

수능은 시험 출제의 특성상 전문이 아닌 발췌문을 담기 쉽다. 가뜩이나 어려운데, 앞뒤 맥락이 잘린 지문의 독해 난도는 더 높아진다. 서울대 영어교육과 교수 이병민은 맥락 없는 지문의 문제성을 지적하기 위해 「Contextual Prerequisites for Understanding: Some Investigations of Comprehension and Recall」(John D. Bransford)이라는 논문을 소개했다. 1972년에 발표된 이 논문은 내용의 핵심을 이해하려면 맥락을 주어야 한다는 메시지를 제시해 학술 분야에서 자주 인용된다. 논문에서 소개한 아래 지문을 살펴보자.

> 풍선이 터질 경우, 지상에서 거리가 멀어 소리가 닿지 않습니다. 대부분의 건물은 단열이 잘 되어 있어 창문을 닫으면 소리의 전달도 방지됩니다. 전체적인 작동 여부는 안정적인 전기의 흐름에 달려 있어서 전선이 중간에 끊어져도 문제가 발생할 수 있습니다. 물론 사람이 소리를 지를 수도 있지만, 인간의 목소리는 그렇게

멀리까지 전달될 만큼 크지 않습니다. 또 다른 문제는 악기의 줄이 끊어질 수 있다는 것입니다. 이에 따라 연주가 빠진 메시지가 될 수 있습니다. 거리가 더 짧은 것이 최선의 상황이라는 것은 분명합니다. 그리하면 잠재적 문제들이 줄어들 것입니다. 대면 접촉을 통할 때 문제 발생 가능성이 최소화됩니다.

어려운 말이 없는데도 이해하기 어렵다. 그러나 아래 그림을 보면 위의 글이 무슨 말을 하는지 손쉽게 이해할 수 있다.

이 지문과 그림은 맥락이 글을 이해하는 데 매우 중요하다는 것을 실증적으로 보여 주고 있다. 이병민은 지문의 양을 조금만 더 제공해도 정답률이 올라간다며, 과연 짧은 지문 안에서 문제를 풀지 못한 학생이 문제를 푼 학생보다 영어를 못한다고 말할 수 있겠느냐고 반문했다. 그리고 대학생을 뽑기 위한 선발 시험에 이런 점들을 고려하지 않는 것은 심각한 문제가 아닐 수 없다고 지적했다.

글을 읽는 능력은 글을 읽고 싶은 마음이 생기지 않으면 발휘되지 않는다. 조병영의 지적처럼 읽기 싫은 지문으로 문해력을 평가하기는 어렵다. 그는 시험 과정에 얼마나 몰입하게 만드는지가 시험의 타당성을 평가하는 중요한 요소이며, 이것이 작동하지 않는 시험은 문제라고 말했다. 글이 재미있다고 느껴질 때, 뭔가 배우고 싶을 때, 읽고 싶은 마음이 생긴다. 그래서 지문이 어렵고 재미없으면 문해력이 있는 학생이라 해도 그 능력을 발휘할 기회가 생기지 않는다. 재미없는 글을 출제하는 것은 일종의 변별력 강화 전략은 될 수 있겠지만, 동시에 적절한 평가에서 멀어지는 길이기도 하다.

공부를 포기하게 만드는 시험

옥스퍼드대 교수 조지은은 〈교실 이데아〉 촬영 당시 학생들이 영어 영역 시험을 보는 동안 자신도 문제를 풀어 봤다고 한다. 시험 점수는 84점이었다. 수능 1세대로 서울대를 나와 오랜 세월 세계 최상위 대학에서 언어학을 연구하는 교수의 성적으로는 낯선 숫자였을 것이다. 조지은은 수능의 문제점을 여러 각도에서 비판했는데, 가장 근본적인 것으로 '영어 울렁증'을 꼽았다.

한국에서 영어 유치원에 가면 어린아이들한테도 토플 시험을 내고, 그것을 풀면 굉장히 자랑스러워합니다. 그런데 이런 시험은 불안감과 두려움을 줍니다. 한국의 부모님들은 이게 아무것도 아니라고 생각하죠. 하지만 언어는 머리가 아니라 감정으로 습득합니다. 언어 습득에서 가장 잘 살펴봐야 하는 것이 F.L.A Foreign Language Anxiety, 바로 영어 울렁증인데요. 시험은 불가피하게 영어 울렁증을 높입니다. 그리고 영어 울렁증이 높아지면 언어로 인한 상처를 받게 되고, 영어가 싫다거나 무섭다는 감정이 만들어집니다.

편안한 상태에서 외국어를 사용하면 기억하려고 애쓰지

않아도 오히려 더 많은 내용을 기억하게 된다. 그런데 우리 교육은 정반대다. 초등학교 때와 달리 중학교에 진학하면서 영어 공부에 거부감을 느끼는 학생들이 많다. 초등학교 때만 해도 즐거웠던 영어가 갑자기 어려운 시험 문제를 풀어야 하는 '공부'가 되면서 오히려 영어로부터 멀어지게 되는 것이다. 시험의 난도가 높아질수록 학생들은 영어를 더 두려워하게 되고, 두려움은 학습 효율을 떨어뜨린다. 결국에는 영어를 포기하게 만드는 결과를 낳기도 한다. 이른바 '영포자'와 '수포자'를 양산하는 비극적 현실에 대해 스탠퍼드대 교육학장 폴 김은 다음과 같이 지적했다.

> 수학을 배운다는 것은 재미있게 활용할 수 있는 방법, 이유를 생각하는, 그래서 동기 유발을 시킬 수 있는 교육이 되어야 한다고 생각하는데, 현재의 수학은 노동입니다. 어떻게 보면 재판을 받는 것 같습니다. 수능이라는 재판을 통해서 '나의 수학 능력은 이것밖에 안 돼'라는 것을 확인하는 시간이라고 보기 때문이죠. 상당히 안타깝습니다.

시험 정상화를 얘기하면 자동으로 따라오는 반론이 일본의 '유토리 교육 실패'다. 즉 수업량이 줄고 시험이 쉬워지면 당장 기초 학력 저하가 올 것이라고 주장한다. 연이어 시험 변별은 어떻게 할 것이냐는 문제가 제기된다. 하지만 이런 시험공부로는 오히려 기초 학력을 쌓는 것조차 방해가 된다. 우리가 진짜 고민해야 할 지점은 이제 수능이 고도화되었다는 환상에서 깨어나 왜곡된 시험을 정상화해야 한다는 인식을 어떻게 가질 것인가다.

내신은 더 심각하다

입시 현실에서는 내신이 더 큰 문제라는 지적이 많다. 그래서 수능 시대를 끝내야 한다고 주장하면, 더 엉터리인 내신 중심으로 대학 선발을 해야 하는 것이냐는 반론이 올라온다. 내신은 수능보다 문제가 더 심각해서 타당성과 신뢰성이 떨어지기 때문이다. 수행평가 점수가 반영되기는 하지만, 내신 성적을 변별하는 건 결국 객관식 시험 점수다. 내신이 선다형 중심인 것은 수능을 모델로 만든 수능 대비용이기 때문이다. 다시 말해 수능이 지닌 한계와 문제점을 그대로 물려받은 것이 바로 내신이다.

객관식 시험은 대규모 학생 집단을 평가하기에 용이하지

만, 학교 현장에서의 객관식 문제 출제는 그렇게 간단하지 않다. 과목 담당 교사는 객관식 문제 출제를 위해 다음과 같은 몇 가지 중요한 요건을 충족시켜야 한다.

첫째, 오류가 없어야 한다. 큰 혼란을 감당하지 않으려면 정답이 두 개이거나 하자가 있는 문제를 피해야 한다. 문제 출제 전문가가 아닌 이상 오류 없는 시험 출제는 부담스러운 작업이다. 이러면 교사로서는 사고력보다는 암기력을 평가하는 문제를 출제하는 게 더 안전해진다. 둘째, 교사는 특정 문제지에서 유사한 문제가 나왔다는 오해를 피할 만큼 문제를 충분히 변형해야 한다. 과거에는 학교 선생님이 추천하는 문제집이나 EBS 문제집에서 숫자만 바꾼 동일한 문제가 출제되기도 했다. 하지만 이제는 문제집과 동일한 문제가 나오면 민원을 피하기 어렵다. 셋째, 교사는 문제에서 충분한 변별을 주어야 한다. 너무 쉽게 내서 만점자가 일정 비율 이상으로 많아지면 해당 과목에서는 아무도 1등급을 받을 수 없다. 성적 부풀리기를 막기 위해 만들어진 규칙 때문이다. 그래서 반드시 다수가 틀려야 하는 문제를 내야 하고, 학생들 성적을 가지런하게 줄 세우기 위해서는 문제 선정과 배치에도 신경 써야 한다.

이런 요건들을 모두 갖추는 것은 쉽지 않다. 그러다 보니 실제 학생들의 능력을 신장시키고 적절히 평가하는 일은 요원해진다. 그저 별 탈 없이 시험을 출제하는 게 우선 과제가 된다. 수능은 여러 출제위원과 검토위원이 장기간 합숙해 가며 각고의 노력 끝에 문제를 고안한다. 그런데 이 어려운 일을 학교 현장에서는 개별 교사들이 해내야 한다. 수업과 행정이라는 격무에 시달리면서 '욕먹지 않을 시험'을 내기 위해 에너지를 쏟아야 하는 것이다. 이런 교사들의 노력에 학생과 학부모는 민원으로 화답한다. 어떤 교사는 학생과 교사의 관계가 창과 방패 같다고 묘사한다. 시험 문제 하나로 내신 등급이 달라지는 만큼 모두가 예민해질 수밖에 없고, 왜 '수능보다 못한 내신'을 중시해야 하는지 의문이 생길 수밖에 없다.

학교 여건상 내신 시험은 수능보다도 더 실질 교과 역량을 기르지 못하는 문제들로 구성되곤 한다. 영어를 예로 들면, 난도를 높이고 이의가 없도록 교과서 지문에 빈칸을 만들어 채우는 암기식 문제가 자주 나온다. 학생들은 실수하지 않기 위해 지문을 달달 외는데, 그 고생이 영어 실력 향상으로 이어지지 않는다.

내신은 입시와는 다른 교육적 목표로 정당화되어 왔다. 입시가 단 한 번의 시험으로 끝나는 데 반해 내신은 학생의 지속적인 성장을 평가한다. 또 단시간에 평가하는 지필고사와는 다른 유형의 평가를 통해 학생들의 역량을 키운다. 그런 의미에서 수행평가는 내신이 지향해야 하는 중요한 평가 방식 중 하나이고, 프로젝트 보고서 작성은 교사가 일방적으로 제시하는 물음에 답하는 것이 아니라 스스로 질문을 찾고 해결책을 찾아 나서는 열린 경험을 허용한다. 이런 평가를 통해 객관식 시험이 측정하지 못하는 비판적 사고와 창의성을 측정할 수 있고, 의사소통 능력과 팀워크를 키워 내는 값진 기회를 만들 수 있다.

그런데 현실에서는 이런 교육과정이 공정성을 담보하지 못하는 주관적 평가로 치러진다는 이유로 무력화된다. 결국 수행평가는 요식 행위에 불과한 존재가 되었고, 논서술형 시험은 이미 답이 정해져 있거나 일부 단어가 빠지면 감점하는 식으로 객관식 시험과 다를 바 없는 시험이 되고 말았다. 이렇게 논서술형 시험, 보고서 작성, 수행평가 등이 위축되면서 내신은 선다형 또는 단답형으로 이루어진 지필고사에서 판가름 나게 된다. 객관식 시험이 아닌 평가에서는 변별이 이루어지지 않기 때문에 학생들 역시 전력을 다하지 않는다.

이처럼 내신은 수능을 따라 해서는 답을 찾을 수 없다. 내신이 수능과는 다른 의미를 지니려면 각 과목의 수업이 내실 있게 이루어져야 한다. 즉 국어에서는 책을 읽고 토론하고 쓰고 말해야 하고, 영어에서는 말하고 쓰고 듣고 읽는 활동이 고루 이루어져야 한다. 과학에서는 실험하고 보고서를 쓰고, 사회에서는 조사하고 분석하고 발표해야 한다. 하지만 이 모든 것이 공정성 훼손이라는 논리에 묶여 제 역할을 하지 못하고 있다. 지금 내신은 수능만도 못한 시험, 정시 준비에 방해만 되는 시험, 정말 길러야 하는 실제 능력은 더 기르지 못하게 막는 시험으로 전락했다. 지금처럼 수능의 주위를 공전하는 식이라면 내신은 존중받기 어렵다.

2장

미로 속의 대입 제도

최악의 교육 정책, 상대평가

"한국은 객관식 시험의 왕국이자 상대평가의 왕국이다."
교육평론가 이범의 말처럼 이 두 개의 키워드가 한국 교육
을 관통하고 있다. 상대평가의 해악을 얘기하면 당장 경쟁
없는 세상이 어디 있느냐는 반문이 돌아온다. 경쟁이 존재
한다면 상대평가는 불가피하다는 주장이다. 해외 주요 대학
들을 보면 대부분이 성적순으로 입학생을 뽑는다. 경쟁이
있다는 뜻이다. 다만 여기서 말하는 '경쟁'이란 옆 사람과의
싸움이 아니라 자기 자신이 얼마나 높은 성취 수준에 도달
했는가의 싸움이다. 타인이 아닌 자신과의 싸움인 것이다.

한국 교육에서는 상대평가 등수가 곧 점수다. 예를 들어

100명이 다니는 학교에서 한 학생의 성적은 몇 점을 받았느냐가 아니라 몇 등을 했느냐로 결정된다. 70점을 받았어도 그보다 성적이 좋은 학생이 두 명밖에 없으면 4퍼센트 안에 들어 1등급을 받는다. 반대로 한두 개만 틀려도 만점 받은 학생이 많으면 성적이 밀려 2, 3등급으로 내려갈 수 있다. 서울 덕성여고 교사 이봉수의 말은 상대평가의 현실을 여실히 보여 준다.

> 제가 학생들에게 자전거를 가르치는 교사라고 친다면, 학생들을 잘 가르쳐서 모든 학생이 자전거를 잘 타면 얼마나 좋아요. 그런 것이 교육이잖아요. 그런데 상대평가는 그런 걸 허용하지 않아요. 4퍼센트만 잘했다고 인정하겠다는 겁니다. 그래서 자꾸 이상한 걸 만들게 됩니다. 예를 들면 한 발로 자전거 타는 학생에게 가장 높은 점수를 주겠다고 하는 거죠. 사실 우리가 한 발로 자전거를 타고 다닐 이유가 없잖아요. 그런데 한 발로 자전거 타는 기준을 굳이 만들어서 그 학생에게 높은 점수를 주겠다는 게 바로 상대평가입니다.

상대평가가 지배적인, 특히 내신에까지 상대평가를 운영하는 나라는 한국뿐이다. 평가의 결과로 학생들의 변별이 발생하는 것과 학생들을 변별하기 위해 평가하는 것은 상당히 다른 결과를 만든다. 상대평가 시행은 대학 서열에 맞춰 학생 순위를 정하는 것을 우선으로 한다는 의미다. 이는 교육 현장을 왜곡하는 것도 감수하겠다는 뜻이다. 상대평가는 피할 수 있는 경쟁을 과열시키고, 그 과정에서 불필요한 노력을 양산한다. 언뜻 학업적 성취를 극대화하고 경쟁 사회에 적응하는 일종의 사회화 과정으로 보이지만, 이 제도 아래에서 교사와 학생은 고스란히 고통을 떠안아야 한다.

선택 과목과 상대평가는 상극이다

상대평가는 합리적인 과목 선택을 방해한다. 수능에서 제2외국어가 상대평가였을 때, 많은 학생들이 자신의 진로에 어떤 외국어를 공부하는 것이 더 좋을지 생각하기보다는 어떤 과목에서 1등급을 받을 수 있을지를 고민했다. 그래서 중국어를 선택하고 싶어도 중국어를 공부했거나 잘하는 학생이 많으면 중국어를 피했다. 중국어 실력을 쌓는 것보다는 당장 대학을 잘 가는 것이 급했기 때문이다. 그 결과 70퍼센트의 학생이 제2외국어로 아랍어를 선택하는 일이 벌어지기도 했다. 이과 계열에서 물리 과목을 피하는 것도, 문과 계열에서 경제 과목을 피하는 것도 같은 이유에서다. 대학의 많은 학과에서 요구하는 중요 과목인 데도 학생들은 자신의 진로와 맞지 않는 과목을 선택한다. 아무리 변별이 중요해도 목적과 수단이 바뀌었다는 비판을 피할 수 없다.

이와 같은 과목별 유불리가 발생하고, 만점을 받아도 과목에 따라 표준 점수가 낮아질 수 있다는 문제 제기가 지속해서 일어나자, 2028년 대입 수능부터 선택 과목이 사라질 예정이다. 문제를 야기하는 상대평가를 해결하기보다는 선택 과목 자체를 없애 버린 것이다. 과목 선택과 심화 과목 확대는 세계적인 흐름이다. 적성에 맞는 과목을 집중해서 공부하는 것이 교육적으로 적절하고 효과적이라는 공감대가 있기 때문이다. 그런데 우리 교육은 모든 과목을 똑같이 공부하고 시험 보는 제도로 회귀해 버린다. 절대평가로 가면 풀어낼 수 있는 일을 상대평가 안에서 문제가 생기는 부문만 도려내며 버티고 있는 형국이다.

당장의 위기는 2025년부터 시행되는 고교학점제다. 고교학점제로 심화 과목의 수가 많아지면 해당 수업을 듣는 학생 수는 줄어들게 되고, 그 안에서 상대평가 등급을 나눠야 하는 문제가 생긴다. 학생들은 공부 잘하는 학생들이 모인 반을 피하는 선택을 할 것이고, 당장 인원이 많은 수업으로 몰릴 것이다. 결국 심화 선택 과목 수업의 폐강이 연이어 일어나 '의미 없는 선택'만 남게 될 수 있다. 교육부는 내신 등급을 9등급에서 5등급으로 완화하면 고교 현장의 경쟁 격화를 줄일 수 있을 것으로 기대한다. 하지만 과연 10퍼센트에 들어야 1등급이 되는 상황이 얼마나 큰 안정을 줄지는 의문이다.

상대평가는 시험을 왜곡한다

상대평가의 폐해는 과목 선택뿐 아니라 과목 내 운영에서도 확인할 수 있다. 한국의 영어 교육과정은 영어 사용 환경에서 영어를 능통하게 구사하는 것을 목표로 한다. 그런데 내신 영어 시험은 수업 시간에 공부한 지문에서만 문제가 출제된다. 새롭고 다양한 환경에 적응하기 위해서는 낯선 지문을 봤을 때 제대로 이해할 수 있어야 하고, 그것이 실제 필요한 독해력이다. 그런데도 왜 익숙한 지문에서 문제를 내는 것을 합리적인 출제 방향이라고 생각하는 것일까?

일부 학생들은 해외 거주, 사교육 등으로 이미 교육 목표를 충족한 채 학교에 입학한다. 그렇다 보니 다른 학생들은 고득점에서 밀려날 수밖에 없다. 일부 교사와 학부모들은 불공정을 이유로 교과서 밖 지문을 사용하지 말고, 쓰기와 말하기도 평가하지 말아야 한다고 주장한다. 교과서에서 배운 지문으로, 또 읽기 중심으로 시험을 치르자는 것이다. 그 결과 학생들은 '공정하게' 이미 함께 배운 지문을 가지고 '비효율적으로' 영어를 암기하며 시험 준비를 한다.

서울대 영어교육학과 교수 소영순은 "성취도 평가가 시험 범위 내에서 이루어져야 하는 것은 맞지만, 그 범위는 교과서의 내용이 아닌 달성하고자 했던 학습 목표를 기준으로 삼아야 한다"고 말했다. 교육 목표가 동일하다면 다른 교과서에서 출제를 해도 문제가 되지 않으며, 오히려 낯선 지문을 읽고 해석해 내는 것이 교육 목표를 측정하는 데 효과적이라는 것이다. 또한 실제 교육 목표에 맞게 읽기, 쓰기, 말하기와 같은 다양한 영역이 고르게 발전할 수 있도록 균형감 있게 평가하는 게 바람직하다고 지적한다.

하지만 상대평가가 이루어지는 현실에서 수업과 평가는 학생과 학부모에게 예민하게 받아들여지고 저항감을 부른다. 결국 영어를 잘하는 학생도 빈칸을 채우고 단어 순서를 맞추기 위해 교과서 지문을 달달 외우며 소모적인 시간을 보내야 한다. 그런 시험으로는 누가 영어를 잘하는지 확인할 수 없다. 단순 암기력과 성실성이 반영된 시험은 영어 시험이라고 보기 어렵기 때문이다.

교실을 지옥으로 만든다

상대평가가 지닌 가장 심각한 문제는 바로 경쟁을 지나치게 부추기는 비교육적 제도라는 점이다. 이 제도는 학생들의 내면을 심각하게 파괴한다. 수능은 그나마 옆 친구의 성적이 자신의 성적에 직접적인 영향을 주지 않는다. 하지만 내신은 옆 친구가 시험을 잘 보느냐 못 보느냐에 따라 성적이 달라진다. 인생에서 처음으로 사회를 경험하는 시절에, 또 가장 정서적으로 예민한 시절에 학생들은 세상이 생존 경쟁으로 가득한 정글이라는 세계관을 가지게 된다. 2018년 한국개발연구원이 경쟁 교육으로 악명 높은 한국, 중국, 미국, 일본 4개국의 대학생 1,000명을 대상으로 여론 조사를 실시했다. 고등학교 시절을 어떻게 기억하느냐는 질문에 다음 세 가지 보기를 제시했다.

① 함께하는 광장이다.
② 거래하는 시장이다.
③ 사활을 건 전장이다.

이 중 '③ 사활을 건 전장이다'라고 답한 비율이 일본 14퍼센트, 미국 40퍼센트, 중국 41퍼센트인데 반해, 한국은 무려 81퍼센트나 되었다. 10명 중 8명이 고등학교 시절을 전쟁터로 기억하고 있었다. 『경쟁 교육은 야만이다』의 저자 김누리는 이에 대해 "지금 한국인들은 전쟁터에서 겨우 살 아남은, 전쟁 생존자로 살아가고 있다. 전쟁 생존자는 반드 시 트라우마를 내면화하고 있다. 이런 사회가 어떻게 정상 사회가 되겠는가" 하고 반문했다.

교육학자 이경숙은 "우리 현실에서 성공하기 위해 노력한 다는 것은 결국 남을 짓밟고 위에 올라서야 하는 일이고, 이 경쟁 관계를 학교에서 끊임없이 교육받는다. 그래서 수치화 된 개인에게 그의 삶의 이력이나 정체와 소망은 사라지고 정체성은 취약해진다"고 말했다. 또한 아주대 정신과 교수 조선미는 "성적으로 규정된 자신의 위치가 정체성의 핵심으 로 작용하는데, 이런 관점은 성인기까지 지속된다"고 강조 했다. 말 그대로 평생의 낙인이 된다는 것이다. 자신과 비교 해 성적이 높은 학생을 선망하거나 성적이 낮은 친구를 무 시하는 건 서로를 단순히 성적으로 비교하기 때문이다. 이 런 피라미드 구조에서는 누구도 만족과 행복을 느낄 수 없 을 것이다.

이처럼 한국은 지독하게 서열화된 사회다. 누가 위고 누 가 아래인지가 모든 관계에서 만들어지며, 이런 구조는 공기처럼 채워져 있다. 요즘도 우리가 식민지 시대를 겪은 것은 강자가 되지 못했기 때문이라고 말하는 사람이 적지 않다. 이것은 식민 지배를 정당화하는 논리다. 약자는 지배당하는 것이 자연의 이치라는 전제가 깔려 있기 때문이다. 지배당하지 않기 위해서는 강자가 되어야 하고, 강자가 되었을 때는 약자를 밟는 것 역시 정당화된다. 우리는 경쟁 없이 살 수 없고 경쟁은 자연스러운 일이라고 배웠다. 그 생각의 틀이 교실 안에서 만들어지고 재생산된다. 그런데 과연 약육강식과 적자생존이 자연의 이치일까? 이화여대 생물학 석좌교수 최재천의 다음과 같은 말은 곱씹어 볼 필요가 있다.

1등이 아니면 못 하는 것이구나, 금메달이 아니면 메달이 아니구나. 이런 관념이 알게 모르게 굉장히 각인 됐을 거예요. 그래서 무한 경쟁의 시대로 우리 스스로를 몰아넣는 데 생물학이 결과적으로 상당한 역할을 했을 겁니다. 그런데 최근 한 20여 년간 학자들이 자연을 면밀히 관찰했습니다. 경쟁에서 이긴 자가 승리하는 현장도 물론 있어요. 그런데 대부분의 생물은 겨우 살아남습니다. 적자생존이라는 말은 실제로는 1등만 살아남고 나머지는 다 죽는 게 아니고요. 세월이 좋으면 다 살아남고, 먹을 게 부족해지면 밑에서 정말 적응을 못 한 개체들이 조금 떨어져 나가는 겁니다. 그러다 보니까 실제로 자연에서는 피 튀기는 경쟁보다는 야금야금 서로 조금씩 돕는 게 더 보편적인 현상이라는 것을 계속 발견했습니다.

인공지능과 경쟁시키는 우리 교육

한국처럼 시험 결과가 인생을 좌우하는 사회에서 시험의 자기장에서 벗어나 수업을 진행한다는 것은 매우 어려운 일이다. 성공 공식에 예외가 적을수록 대안적 실험은 시도되기 어렵기 때문이다. 교사가 참신한 수업을 설계해도 학생들은 '시험에 나오는 거냐', '이게 수능 보는 데 도움이 되는 거냐'를 먼저 묻는다. 특정 과목에 열정을 쏟는 학생에게는 '이렇게 해서는 점수가 안 나오니까 문제 풀이 훈련을 더 해라', '여러 과목을 골고루 공부하지 않으면 좋은 대학에 갈 수 없으니까 네가 하고 싶은 공부는 여기까지만 해라'는 반응이 쏟아진다. 그래서 시험이 수업을 정하고, 수업은 시험을 따라간다. 한국 교육 환경에서는 '시험을 위한 공부'만 있지, '공부를 위한 시험'은 만들기 어렵다.

객관식 시험의 짝꿍은 주입식 수업이다. 수능에서 묻

는 대부분의 질문은 보기 중 적절하거나 적절하지 않은 것을 고르는 것이며, 객관식 시험의 기본 구조는 출제자가 미리 정한 답을 맞히는 일이다. 사람마다 생각하는 답이 다를 수 있는데, 그 가능성은 처음부터 무시당한다. 시험의 핵심은 얼마나 빨리 외부 지식을 정확하게 흡수하는지를 확인하는 것이다. 교사의 미덕은 학생의 머리에 정해진 지식을 효율적으로 집어넣는 것이고, 학생의 미덕은 딴생각하지 않고 꾸역꾸역 주어진 지식을 머리에 밀어 넣는 것이다.

한국의 시험과 수업이 원래부터 이랬던 것은 아니다. 조선 시대 과거 시험을 보면 중요한 과제는 주관식 논서술형으로 이루어졌다. 세종 때는 '노비 또한 하늘이 내린 백성인데 그처럼 대대로 천한 일을 해서 되겠는가'라는 과제가 제시되었고, 명종 때는 '교육이 가야 할 길은 무엇인가', 광해군 때는 '공납을 장차 토산품 대신 쌀로 바꾸어 내도록 하자는 의견에 대해 논하라', 숙종 때는 '왜인들로부터 울릉도 주변을 편안히 하고 나라를 안정시킬 방도를 자세히 진술하라'와 같은 문제가 출제되었다. 조선 시대의 공부는 이러한 질문에 답하는 일이었다. 지금 우리가 시험을 보는 객관식, 단답형 시험과는 전혀 다른 유형이다.

교육과혁신연구소 소장 이혜정에 따르면, 유교 문화권 하면 대개 시험이 암기 중심일 것으로 생각하는데, 그것은 한자 문화권에서 기본적인 문자 습득 과정이 필요하기 때문에 생긴 오해이다. 실제 과거제에서 최상위권 변별은 얼마나 많이 외웠는지보다는 자신의 관점을 얼마나 논리 정연하게 설득하고 표현하느냐가 기준이 되었다. 보수적인 유교 국가 조선에서도 사람의 가장 중요한 능력을 비판적, 창의적 사고로 본 것이다.

그런 비판적이고 창의적인 사고력을 시험에서 완전히 빼기 시작한 것은 식민지 시대의 교육부터였다. 일제는 조선인에게 생각하는 힘보다는 시키는 것을 잘 이해하고 수행하는 힘을 요구했다. 이해력이 좋고 근대적 지식을 많이 알고 있지만, 순종적이고 수동적인 태도를 지닌 순량한 피지배자를 양산하는 것이 목표였기 때문이다. 식민지 엘리트에게 요구하는 역할도 그런 수동적인 중간 관리자였다. 그렇게 주입식 교육과 암기력, 단순 적용 능력 테스트가 교육의 중심이 되어 갔다.

해방 이후에도 낙후된 정치, 경제적 상황으로 인해 서구 지식을 흡수하는 것이 최우선 과제였다. 예를 들어 라디오를 만들지 못했던 시절에는 해외에서 라디오 트랜지스터를 들여와 분해해서 설계도를 만들고 그대로 제작하는 게 중요한 미션이었다. 이때 담당자의 능력은 원리를 이해하고, 암기하고, 재연하는 것이었다. 기존 제품의 단점을 따져 보고 새 제품을 만드는 것은 섣부른 일이었다. 이런 지향점을 지닌 사회에서는 주입식 수업이 장려될 수밖에 없었고, 이는 우리나라가 근대화를 이루고 서양을 따라가는 추격 경제 시대에 요긴한 교육 전략이었다. 하지만 한국이 선진국에 진입하고 있는, 또 4차 산업혁명이 일어나고 있는 지금은 어떠한가?

마인드 마이너 송길영은 "우리가 지금까지 받았던 교육은 순응성과 근면성을 강조한 교육"이라고 말한다. 순응성은 의견을 내기보다 주어진 의견을 따르는 것이다. 우리는 삶을 살아가면서 생기는 수많은 어려움을 피하거나 극복하기 위해 인류의 지혜를 배워 활용했다. 이때 직접 생각하지 않고 기존의 법칙을 따르는 것이 더 효과적일 수 있다. 그래서 앞서 치열하게 고민해서 알아낸 길을 마다하고 새로운 길을 가는 건 비효율로 여겨졌다. 그러나 송길영의 말처럼 이제 기존 지식과 경험이 무용해지는, 그래서 전혀 새로운 길로 가야 하는 시대로 접어들었다.

앞으로 우리가 할 일은 없는 것을 만드는 것입니다. 이제 우리의 일상적인 목표는 구글에 없는 걸 하는 것입니다. 그러면 각자는 전부 다 창작자가 되어서 기존의 연구 결과나 이전에 만들어진 가치에 대해 한 번 더 고민해 보고 새로운 걸 만드는 작업을 해야 합니다. 그러려면 순응성이 짐으로 다가올 수 있습니다. 이제 외우는 것은 중요하지 않습니다. 이미 있는 것은 기계, 인공지능이 대신합니다. 크리에이티브한 일을 해야 하는 방향으로 세상이 움직이면 기존의 공부를 잘한다는 덕목 자체가 와해됩니다.

세상은 바뀌었고 다른 능력을 요구하고 있다. 추격 경제 시대, 산업 사회에서의 성공 공식이 암기, 이해, 숙련, 적용이었다면, 21세기 선진화된 사회에서는 비판적 사고Critical Thinking, 창의성Creativity을 강조한다. 또한 함께 성장하고 성취하는 길을 요구하며 협업Collaboration, 의사소통Communication을 강조한다. 이 네 가지 역량4C은 모든 전문가가 강조하는 핵심 역량이며, 객관식 시험과 주입식 수업, 상대평가가 감당할 수 없는 교육적 요구들이다.

혹자는 4C 역량을 기르고 고차원적인 사고나 활동을 하는 것은 성인이 된 후에 하는 것이고, 초중고 시절은 기존의 지식과 개념을 배우고 익힐 때라고 말하기도 한다. 하지만 이혜정은 이런 주장이 교육적으로 맞지 않다고 말한다.

> 교육학에서는 교육과정을 나선형으로 만들어야 한다고 합니다. 나선이란 처음에는 조그맣다가 점점 커지는 형태로, 나선의 핵심은 가운데 축이 동일하다는 것입니다. 조그만 원이나 큰 원이나 핵심을 관통하는 동일한 축이 있어요. 그 말은 최대한 전문가가 생각하는 종류의 사고 활동을 초등학교, 중학교, 고등학교에 따라 적절한 수준의 용어, 예시로 배우고 생각할 수 있게 해야 한다는 것입니다. 기본적으로 같은 종류의 사고를 하라는 것이죠. 그리고 비판적 창의적 사고력은 연습, 훈련, 반복에 의해 길러져야 합니다. 근육처럼 말이죠.

이혜정은 우리나라의 교육과정이 이미 나선형 원리에 의해서 개발되었다고 말한다. 교육과정의 총론은 선진적인 교육 목표를 이미 설정해 두고 있다. 나열된 단어와 문장들만 보면 4차 산업혁명, 인공지능 시대에 충분히 대응할 수 있을 것 같다. 그런데 그러한 역량을 국가가 주도하는 평가인 수능에서 측정하지 않는다는 것이 심각한 문제다. 측정하기는커녕 상대평가로 무력화한다. 목표와 평가의 괴리가 여전히 큰 간극으로 존재하고, 그 차이를 좁히려는 노력 또한 부족했다.

출구 잃은 교육, 그리고 2028년 대입 개편안

1994학년도 첫 수능이 시작되어 어느덧 30년이 지났다. 수능이 처음 등장했을 때는 학력고사보다 우수한 시험이라는 평가를 받았지만, 해를 거듭할수록 많은 비판을 받아 온 것이 사실이다. 교육 당국이 손을 놓고 있었던 것은 아니다. 매년 다양한 변화를 주었고 그때마다 대입 전선은 혼란이 가중되어 이제는 교육 혁신이라는 말을 들으면 피로감부터 느낄 정도다. 그리고 누적된 피로는 새로운 변화를 이끌 동력을 떨어뜨리고 있다. 2023년 12월에도 교육부는 '2028학년도 대학입시제도 개편 확정안'을 발표했다. 30년 된 수능 중심의 대입 체제는 현재 어디로 나아가고 있는 것일까?

수능 문제 운영

대입 체제는 여러 층위에서 개선을 시도했다. 첫 번째는 수능 문제 개선 레벨이다. 초기의 수능은 논리력과 사고력, 과목 융합적 사고력을 평가한다는 목표를 지니고 있었고, 이러한 역할을 적절하게 수행해 왔다고 평가받았다. 하지만 범교과적 시험 문항은 사교육을 부추긴다는 비판으로 제한되었고, 논리력과 사고력을 측정하는 고급 문제들은 파훼법이 등장해 변별이 무력화되었다. EBS 연계가 시작되면서 시험이 암기력 측정으로 회귀했다는 비판도 받았다. 또한 수능은 문제 은행 방식으로 운영되지 않기 때문에 새로운 문제를 계속 생산하는 데 한계에 봉착했다는 주장도 있다.

가장 근본적인 문제는 수능의 방식이 현시대에 더 이상 맞지 않는다는 것이다. 30년 전 수능이 등장한 초기에는 학생의 능력을 측정하는 데 객관식이면 충분하다는 의견이 지배적이었지만, 사회가 선진화, 고도화되면서 이런 평가로는 인재를 선발하고 기를 수 없다는 문제가 지속적으로 제기된 것이다. 이에 대한 해법은 대입 시험에 논서술형 문제를 도입하고, 내신에서는 논서술형 문제뿐 아니라 구술시험, 장기 프로젝트 보고서 평가 등을 도입해 능력 측정을 다변화하는 것이다. 그러나 대학 서열화에 따른 점수 과민화와 주관식 평가의 공정성 문제가 이를 틀어막았다.

2028년 대입 개편안에는 부분적으로라도 수능에 논서술형 시험 도입이 이루어지지 않겠느냐는 기대가 있었지만, 결과는 실망스러웠다. 교육부는 사교육 증가, 주관식 채점 시스템 미비 등을 이유로, 본격적인 도입을 다시 뒤로 미루었다. 교육 당국은 논서술형 시험을 내신부터 확대 시행하겠다고 했지만, 시스템 변화에 대한 부담을 전적으로 교사와 일선 학교에 전가하고 있다는 점에서 부적절하고 무책임한 방침이라는 비판이 쏟아지고 있다.

수능 과목 운영

대입 체제 개편의 두 번째 층위는 시험 운영 레벨이다. 수능은 모든 과목을 치르는 형태로 출발했다. 1995학년도에는 국어, 영어, 수학과 더불어 국민윤리, 국사, 세계사, 한국지리, 정치경제, 물리, 화학, 생물, 지구과학이 공통 과목이었고, 문과는 사회문화, 세계지리를, 이과는 심화 물리, 화학을 추가로 공부해야 했다. 한문과 같이 수능에 나오지 않는 과목도 내신을 위해 공부해야 해서 시험 부담이 과중하다는 비판이 지속되었다. 이에 따라 과목을 선택, 집중하는 방식이 6차 과정부터 도입 확대되었다. 그 결과 과학탐구와 사회탐구 과목은 4개 선택에서 3개로, 그리고 2개로까지 줄었다. 국어와 수학에서도 후반부에 선택 과목을 골라 시험을 보게 하는 등 선택의 폭을 늘려 갔다.

수능은 처음에는 원점수만 공개하는 절대평가 형식이었다. 영역 합산 총점이 쉽게 확인되는 구조였고, 그 총점을 대학 지원에 활용했다. 그런데 선택 과목이 도입되면서 과목 간 유불리가 생기는 문제를 막기 위해 상대평가를 도입했고, 그 결과 석차 등급, 표준 점수제가 등장했다. 석차 등급은 내신처럼 과목당 4퍼센트까지 1등급을 주는 식인데 주로 수시에서 수능 최저 기준을 맞추는 데 사용된다. 표준 점수제는 시험 성적을 일정한 공식에 맞춰 환산하여 제공하며, 학생들의 점수가 낮으면 만점자의 표준 점수는 높아지고 반대로 학생들의 점수가 높으면 표준 점수가 낮아지게 설계되어 있다. 학생들의 성적 차이를 기준으로 점수를 조정하겠다는 취지였다.

그러나 상대평가는 수능 출제 책임자들이 문제의 난도를 적절하게 맞출 수 없으니 그 부담을 학생에게 전가한 비겁한 방편이라는 비판을 받았다. 또한 '선택 과목에 따라 만점이 다른 시험이 세상에 어디 있느냐', '다른 학생의 점수에 따라 내 점수가 달라지는 게 말이 되느냐', '수능은 1년에 한 번 보고 매년 난이도가 달라지는데 표준 점수라는 척도 자체를 신뢰할 수 있느냐'는 등의 비판도 제기되었다. 하지만 수능은 이 방식으로 무려 20년이라는 시간을 버텨 왔다. 교육과정평가원으로서는 원점수를 공개할 수도, 과목 선택 옵션을 포기할 수도 없었기 때문이다.

전 세계에서 표준 점수를 대입 시험에 사용하는 나라는 한국이 유일하다. 선택 과목의 점수 관리를 위해서는 원점수를 그대로 공개하는 방법도 있고, 난이도에 따라 점수를 조정하는 보정 점수제를 활용할 수도 있다. 절대평가 보정 점수제는 성취 수준에 대한 엄격한 기준 설정과 관리가 바탕이 되어야 신뢰를 얻을 수 있다. 하지만 시험을 기획하고 운영하는 담당자들은 민감한 입시에 점수를 보정하는 게 부담되었는지, 이런 일반적인 방식을 선택하지 않았다.

한편으로 과목 선택이 없는 영어 등의 일부 과목은 절대평가제를 도입했는데, 이에 따라 해당 과목의 변별력이 떨어진다는 우려가 커졌고, 국어와 수학의 변별력 강화 부담이 더 가중되기도 했다. 절대평가를 도입했다고 변별이 떨어진다는 것은 이해하기 어렵다. 문제를 어렵게 내면 절대평가도 변별이 가능하기 때문이다. 하지만 전체적으로 비교에 의해 당락이 결정되는 맥락에서 보면 일부 과목의 절대평가 시행은 해당 과목의 영향을 약화하는 결과를 만든 것이 사실이다.

2028년 대입 개편안은 잡음이 끊이지 않았던 선택 과목제를 포기하고 전 과목을 모두 준비해서 치르게 하는 방식으로 회귀했다. 글로벌 스탠더드인 과목 선택 옵션을 강화하면서 상대평가를 도입한 게 문제의 원인인데, 상대평가를 손보지 않고 과목 선택 옵션 자체를 폐지한 것이다. 게다가

고2, 고3 때 배우는 심화 과정들이 시험에서 빠지고, 고1 중심으로 범위가 재편된다. 선진국 대부분의 입시가 고등학교 후반부의 범위에서 출제가 집중되는 것과는 반대되는 모양새다.

2028년 대입 개편안은 수능을 불구로 만들고 무력화하는 방향으로 설계되었다는 것이 전문가들의 공통적인 의견이다. 당장 정시에서도 수능 외 다른 요소들을 반영할 가능성이 높아졌다. 수능이 자격고사화될 것이라는 전망도 있는데, 문제는 정상적인 자격고사 기능도 못 하는 식으로 변형되는 것이 올바른 방향이냐는 것이다. 또한 좁은 범위 내에서 변별력을 보이기 위해 문제가 더 기괴해질 것이라는 우려도 나오고 있다.

개편안의 모양새를 보면 수능을 약화하고 싶은 마음은 있지만, 논서술형을 도입하려다 자칫 낯선 변화에 부담을 느끼거나 사교육 폭증을 우려하는 학부모들의 반발이 걱정돼서 일단 수능만 불구로 만들어 놓은 것이 아니냐는 의구심이 든다. 결국 이 선택을 정당화하려면 대입과 내신에서 다양한 평가 방식을 고안하고 안정화하는 작업을 진행해서 긍정적 결과를 보여 줘야 한다. 그리고 그 답은 2030년, 또는 2032년 개편안에 담겨야 할 것이다.

정시와 수시 운영

대입 개편의 가장 큰 레벨은 정시와 수시 조정이다. 초기에 대입은 수능을 기반으로 하는 정시 중심이었지만, 2000년대부터 점차 학교생활기록부와 내신을 토대로 하는 수시의 비중이 확대되어 왔다. 정시 비율은 현재 40퍼센트 정도를 유지하고 있다. 수시는 주입식 수업, 객관식 중심의 평가 체계에서 벗어나 학생들의 다양한 활동을 측정해 입시에 반영한다는 점에서 분명한 장점이 있다. 수시 전형을 강화하겠다는 것은 교육부, 교육청, 대학 모두 같은 마음이다. 수시 입학생의 성적이 정시 입학생보다 더 뛰어나다는 연구 결과도 학종 지지의 객관적 근거로 활용된다. 학종으로 선발했을 때 지역별 균등 선발 효과가 더 커진다는 것도 장점으로 언급된다. 균등 선발 효과는 내신의 상대평가 제도로 발생한다. 어느 학교든 1등급은 있기 마련이고, 이 1등급을 동일하게 인정한다면 수시 지원자들은 지역별, 계층별로 골고루 뽑히는 효과가 발생하기 때문이다. 상대평가 제도가 정착되어 있으면 특목고, 자사고 쏠림 현상도 완화될 것이라 기대할 수 있다. 이 때문에 많은 부작용이 있더라도 내신에서 상대평가 제도가 유지되어야 한다고 주장하는 사람들도 많다.

수시는 평가의 신뢰성이 떨어진다는 비판을 지속적으로 받아 왔다. 주관식 평가가 이루어질 토양이 만들어져 있지 않았기 때문이다. 평가 기준이 교사마다 다를 때, 그리고 같은 교사도 학생에 대한 편견이나 고정관념에 영향을 받을 때 학생과 학부모는 그 결과를 신뢰할 수 없다. 근래에는 내신에서의 반칙 행위로 학내에 공분이 쌓이기도 했다. 사교육을 통한 편법 지원이 발생하고, 학교가 우수 학생에게 실적을 몰아주고, 세부 특기 사항 작성에서 일부 학생에게만 정성을 쏟는 일 등이 발생하면서 공정성에 균열이 생긴 것이다. 정성 평가가 부당하다는 인식이 퍼지면서 내신의 긍정적 역할도 외면받고 있다.

지금으로서는 정시와 수시 모두 문제를 안고 있다. 타당성이 떨어지는 시험도 공정하지 않고, 신뢰성이 떨어지는 시험도 공정하지 않다. 이 문제를 해결하는 것은 타당성을 높일 다양한 평가 방식을 개발하고 높은 채점 신뢰도를 확보하는 것이다.

지금 내신은 여러 부작용에도 불구하고 상대평가를 고수하고 있다. 한때 내신에서 절대평가를 시행한 적이 있지만, 학교별 성적 부풀리기(문제를 쉽게 내서 다수가 고득점을 받는 현상)가 심해지고 학교 성적이 변별력을 확보하지 못하자,

다시 상대평가로 회귀했다. 내신에서의 경쟁 과열을 막기 위해 교육부는 2028년 대입 개편안에서 내신 상대평가 등급을 9등급제에서 5등급제로 변경했다. 하지만 이런 조치가 현장에서 얼마나 피부에 와닿을지는 미지수다. 여전히 성적 10퍼센트 안에 드는 것은 어려운 일이고 우수 학생의 경우에 한 과목만 10퍼센트 밖으로 나가도 대입 길이 막히는 것과 다름없기 때문이다.

문제는 평가 공정성을 확보하고 이를 기반으로 성취 수준을 정확히 구별하여 수준에 맞는 점수를 제공하는 절대평가가 마련될 수 있느냐의 여부다. 그렇게만 된다면 절대평가 체제 내에서도 성적 부풀리기 현상은 발생하지 않을 것이다. 절대평가를 하면 성적 부풀리기가 자동으로 따라오는 게 아니라 부실한 절대평가가 성적 부풀리기를 유발하기 때문이다. 균등 선발 효과는 마치 상대평가의 부작용을 형평성 제고 차원에서 활용하는 방식으로 이루어지고 있지만, 절대평가를 해도 지역 균형, 기회 균형 선발 등을 확대해 정식으로 풀어 가면 지금과 같은 효과를 기대할 수 있다.

대입 개편의 이상과 현실

대입 제도 개편에는 이상향이 존재한다. 그리고 한편에는 원활한 제도 개편의 흐름을 막는 장애 요인도 있다. 장애 요인이 클수록 개편안은 표류하기 쉽고 또 무리할수록 모순을 드러내고 만다. 교육 당국은 미래 사회에 필요한 비판적 사고와 창의성, 협업과 의사소통 능력이 뛰어난 인재를 기르길 원한다. 또한 상위에 포진한 소수만 교육적 혜택을 누리는 것이 아니라 다수의 학생도 함께 성장하는 질적, 양적 혁신을 기대한다.

이를 위해서는 하루빨리 주입식 교육과 객관식 상대평가에서 탈피해야 한다. 입시는 논서술형으로 전환되거나 객관식과 논서술형 시험의 병행이 이루어져야 하고, 내신은 논서술, 구술, 장기 보고서 작성 등 다양한 활동을 통해 평가 다변화가 이루어져야 한다. 입시와 내신의 교과는 학생들의 관심을 반영하여 선택한 과목을 심화하는 형태로 재편되어야 하며, 그 과정에서 성적 부풀리기가 발생하지 않는 절대평가로의 전환이 안정적으로 이루어져야 한다. 현 교육에서 극복해야 할 핵심 미션은 주관식 시험의 채점 신뢰성 확보, 이를 기반으로 수험생의 학업 성취 정도를 명확하게 구분하는 절대 기준 마련이다.

또한 교육 혁신은 학부모의 사교육 부담 없이 이루어져야 한다. 아무리 좋은 교육 제도가 마련되어도 그 변화를 감당하기 위해 학부모들이 개인 지갑을 더 열어야 하는 일은 없어야 하기 때문이다. 입시 결과는 사회 정의도 실현해야 한다. 대학 서열이 현존하는 상황에서 학생 성적 변별이 가능한 입시 프로그램이 구성되어야 하며, 동시에 다양한 인재가 지역이나 계층의 쏠림 없이 건전하게 선발되어야 한다.

이토록 어려운 일을 해내야 하는 게 교육계 대입 제도 개선 미션이다. 혹자는 '지금의 교육에 답이 없다'고도 말한다. 실제로 다양한 문제가 복잡하게 얽혀 있어 해결책을 찾기 어려워 보인다. 하지만 앞에서 언급한 핵심 과제들을 해결할 수만 있다면, 꼬여 있는 실타래가 풀리고 교육 혁신의 전기를 마련할 수 있다.

3장
한국 교육의 탈출구, IB

우리에게 맞는 교육 패러다임

교육을 바꾸기 위해 어떤 선진 교육 체제를 벤치마킹할 것인가? 이는 한국 교육 전문가들의 오랜 고민이었다. 미국의 영향을 크게 받은 우리 교육은 S.A.T를 벤치마킹해서 수능을 만들었다. 그런데 사실 S.A.T는 대입 시험의 일부일 뿐, 미국 대입의 관문은 자기소개서, 비교과 활동, 수상 실적, 보고서 작성, 논서술형 시험, 면접, 추천서 등으로 채워져 있다. 특히 교과 외 요소들을 많이 반영한다. 그래서 공부만 잘해서는 명문 대학에 가기 어렵다. 운동부 주장을 하고, 학생회장을 하고, 여러 프로젝트를 기획하고 추진하는 등 다양한 활동이 모두 대입에 반영된다.

미국에도 대학 랭킹은 존재하지만, 명문 대학이 각지에 자리 잡고 있고 대학마다 색깔이 강해서 인재상도 다양하다. 문학에 특화된 소질이 있다면 문학 성적만 보고 입학생을 뽑는 대학에 지원하면 되는 것이다. 이렇게 미국 대학은 각자 자신들이 원하는 학생을 뽑기 때문에 한 줄 세우기를 하지 않고, 자연스럽게 여러 줄 세우기가 가능하다. 모두가 최상위 대학을 가기 위해 전력 질주하는 분위기도 아니다. 학생 선발에 대한 전적인 권한도 각 대학에 있어 공정성 문제가 잘 일어나지 않는다.

우리나라는 이러한 미국의 입학 전형을 바탕으로 수시 제도를 만들었다. 그런데 교육 토양은 매우 다르다. 우리는 대학 서열이 분명하게 자리 잡혀 있어 모두가 경쟁 레이스에 뛰어드는 총력전이 될 수밖에 없다. 입시 경쟁 강도도 미국보다 훨씬 치열하다. 따라서 학생들은 자신만의 진학 계획을 세우기보다는 대학 서열에 맞춰 모든 요소를 준비할 수밖에 없다. 예를 들어 성적이 최상위권이라면 자신이 원하는 전형 방식과 무관하게 일단 서울대를 준비해야 하고, 그다음으로 연세대나 고려대, 또는 카이스트와 포스텍 등을 준비해야 한다. 서열이 정해진 상태에서 각 대학이 상이한 절차를 요구하면 학생들은 이를 모두 감당해야 하는 것이다.

성적 산출에서도 공정성이 민감하게 작용한다. 운동부 주장 이력, 외부 논문 참여 등은 정량화하기 어렵고, 또 편법이 동원되기 쉽다. '아빠 찬스'라는 말이 회자하듯, 불공정 시비가 끊이지 않았고, 입학 기준도 모호해지면서 '깜깜이 전형'이라 불리며 사교육 폭증을 부르기도 했다. 교육 당국은 이러한 문제들이 불거지자 다양한 외부 활동과 타인의 도움을 받기 쉬운 전형 요소들을 지속해서 제한해 왔다. 그래서 근래 학종은 객관식 중심의 교과 시험 외에 다른 요소들이 많이 빠지면서 상당히 앙상해졌다. 교육계에서는 귤이 회수를 넘으면 탱자가 된다는 말을 자주 쓰는데, 수시 제도가 대표적인 사례인 셈이다.

한국의 교육 제도가 미국식 교육 제도를 추구하는 동안, 일각에서는 유럽식 교육 제도에 대한 관심도 커졌다. 유럽식 대입 과정은 미국과 달리 비학문적 요소들을 대입에 반영하지 않으며, 각종 활동 등이 모두 교과에 포함되어 있어 학교의 정식 과정 안에서 평가받는다. 또한 수업이 토론식으로 이루어지고, 평가 또한 객관식 시험을 비롯해 논서술형 시험, 보고서 작성, 구술 평가 등으로 다양하게 이루어진다. 영국, 프랑스, 독일, 북유럽 등의 대입 제도는 조금씩 차이가 있지만, 일반적으로 이러한 교육 환경 아래에서 평가가 이루어지고 있다.

한동안 한국에서도 핀란드식 교육이 열풍처럼 불어 학교 혁신에 반영되기도 했다. 주입식 교육에서 벗어나 다양한 형태의 수업이 시도되었고, 그 결과 학생들의 만족도가 높아지기도 했다. 하지만 한국의 높은 대입 압력을 견디지 못한다는 치명적 문제가 있었다. 바로 주관식 평가에 대한 공정성 문제였다. 혁신학교에 다니던 학생들은 고등학교 진학을 앞두고 양자택일을 강요받았다. 의미 있는 공부를 하고 대입 문이 막힐 것인가, 대학 진학을 위해 기존 체제로 회귀할 것인가? 결국 대다수의 유능하고 창의적인 학생들은 대입이 가까워질수록 학원가 인파 속으로 사라지고 말았다.

우리 교육의 중요한 숙제는 학문적 범위 내 활동을 교과 안으로 들여와 공정하게 평가하는 동시에 교과목들이 객관식에서 벗어나 다양한 평가를 받을 수 있는 타당하고 신뢰성 높은 기반을 마련하는 것이다. 또한 평가 시스템을 선진화하여 부작용 없는 절대평가로 전환하는 것이다. 해결책이 없어 보였던 이 막막한 현실 속에서 '한국 교육을 변화시키는 전환점', '교육의 롤 모델'이라는 수식어와 함께 등장한 것이 있다. 바로 IB 교육이다.

새로운 교육 패러다임 IB

인터내셔널 바칼로레아IB, International Baccalaureate는 국제 비영리 교육 재단으로 1968년 설립되었다. 제2차 세계대전이 종전하고 국제연합이 설립된 지 약 20년 후이다. 끔찍한 전쟁을 두 번이나 치르고 냉전을 겪으며 서구 국가들은 세계 평화를 위해서 건강한 국제 교류 증진이 무엇보다 중요하다고 생각했다. 또한 국제 교류가 늘어나면서 자국을 떠나 활동하는 유엔 직원, 외교관, 특파원, 해외 주재원 등의 자녀가 본국에 있는 대입 시험을 준비하지 못하는 현실적 어려움을 해결하는 방안이 필요했다. 아이들의 대입 문제를 해결하는 동시에, 그들을 국제 평화 증진에 기여할 인재로 양성하겠다는 것을 목표로 인터내셔널 바칼로레아 본부(IB 본부)가 만들어졌다. 처음에는 대학 진학을 준비하는 고등학교 과정 DP Diploma Programme부터 시작했고, 이후 중등 과정인 MYP Middle Years Programme, 초등(유치원 기간 포함) 과정인 PYP Primary Years Programme가 만들어졌다. 그리고 최근에는 직업 교육에 집중하는 CP Career-related Programme가 만들어지기도 했다.

국제 평화와 인권 보호에 기여, 다양성을 존중하는 글로벌 인재 육성, 주요 대학에서 학력을 인정받는 수준 높은 교육 프로그램 마련, 그리고 글로벌 인재에 필요한 고차원적 사고력을 다각적으로 평가하고 이를 공정한 입시 결과로 산출해 내는 평가 시스템 구축은 IB의 이상적 목표이자 달성해야 하는 현실적 과제였다.

IB는 이러한 목표를 이루기 위해 주입식 교육을 지양하고, 자기 생각을 꺼내는 수업, 다름을 틀림으로 여기지 않는 다원적 사고를 함양하는 수업, 실생활 연계를 강조해 실제 현실에서도 통용될 수 있는 역량을 기르는 수업을 운영한다. 또한 명문 대학에서도 학력을 인정할 수 있을 만큼 수업 강도를 높게 설정해 수업에 적극적으로 참여한 학생들이 고득점을 받을 수 있도록 논서술형, 구술, 장기 프로젝트 보고서 작성 등 다원적·고차원적 사고를 측정하는 평가를 실시하고, 이를 공정하게 채점하는 체계를 만들었다. 그리고 교육 환경에 상관없이 전 세계 어느 곳에서 교육을 받고 시험을 보더라도 그 결과가 공통적으로 인정될 만큼의 일관되고 정교한 평가 시스템을 만들었다. 2024년 기준 IB는 미국과 영국을 비롯해 162개국에 보급되어 5,900여 개교 8,900여 개의 IB 인증 프로그램이 운영 중이다.

전 세계적으로 IB가 주목받고 있는 이유는 무엇일까? IB

프로그램이 막 시작되었을 당시에는 이미 모든 국가가 나름의 교육 및 입시 체계를 마련하고 있어서 IB는 매우 제한적으로 활용되었다. 또한 IB는 UN의 공식 언어인 영어, 프랑스어, 스페인어로만 운영했기 때문에 해당 언어를 사용하지 않는 나라에서는 도입하기가 어려웠다. 그래서 IB는 영어에 익숙한 학생, 그리고 그들을 가르칠 외국인 교사가 있는 국제학교나 외국인학교에서 주로 이루어졌다. 이 때문에 'IB는 귀족 교육이다'라는 부정적 인식이 생기기도 했다.

그러나 IB는 비영리기구가 운영하는 프로그램이기 때문에 큰 비용이 들지 않는다. IB 학교의 운영비는 평균 1년에 1,000만 원 정도다. 예를 들어 학교 학생이 500명이라면 학생당 2만 원만 내면 활용할 수 있는 프로그램이다. 운영비도 IB에 내는 로열티 개념이 아니라 IB가 교육을 위해 만든 리소스 사용비에 가깝고, IB 교사들은 내부 시스템을 통해 전 세계적으로 연결되어 다양한 정보를 주고받거나 토론할 수 있다. IB가 비영리 교육재단으로 수익을 추구하지 않는 구조라서 이런 지원이 가능하다.

2024년 기준 미국에서는 2,000여 개의 IB 학교가 운영되고 있고, 그중 약 90%가 공립학교다. 미국 시카고대학에서는 IB 프로그램이 저소득층, 저학력 학생들의 학업 성취를

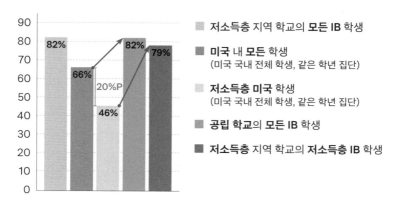

시카고 연구 자료

- 저소득층 지역 학교의 **모든 IB** 학생
- **미국** 내 **모든** 학생
  (미국 국내 전체 학생, 같은 학년 집단)
- 저소득층 **미국** 학생
  (미국 국내 전체 학생, 같은 학년 집단)
- **공립 학교**의 **모든 IB** 학생
- 저소득층 지역 학교의 **저소득층 IB** 학생

상대적으로 더 높인다는 결과를 발표했고, 이 연구 자료를
본 당시 시카고 시장 람 임마뉴엘이 교육청을 설득하여 교
육 환경이 열악한 학교를 중심으로 IB 학교를 도입했다. 그
결과 학생들의 학력 격차가 줄어들었고, 대학에 진학하는
학생들도 늘어났다. 또한 인성 교육과 평생 학습자를 기른
다는 면에서도 졸업생들의 만족도가 높았다.

이런 계기들로 IB는 점차 교육 전문가와 일반 시민들의
관심을 모았고, 대학도 IB를 더욱 명확하게 인지하기 시작
했다. IB 학교의 성장은 전 세계적으로 대학이 얼마나 IB 점
수를 전형 내에 반영해 주는지에 달려 있다. 2024년 현재 기
준 110개국 4,500개 이상의 대학이 IB 점수를 대입 전형에

반영하고 있으며, 여기에는 영미 주요 명문 대학들이 포함되어 있다. 한국도 상위권 대학일수록 IB에 대한 관심과 이해가 높다. 외국 학생들과 국내 국제학교 출신 학생들의 진학 경험을 통해 이해도가 높아졌기 때문이다.

IB 프로그램은 고차원적 능력을 측정한다. 실제 IB 교육 프로그램을 이수한 학생들이 그렇지 않은 학생들보다 비판적 사고 수준이 더 높다는 연구 결과가 옥스퍼드대 교육 평가 센터 연구진에 의해 발표되기도 했다. 영국 전 총리 토니 블레어는 자국의 대입 시험인 A레벨을 폐기하고 IB를 벤치마킹하여 새로운 대입 체제인 '브리티시 바칼로레아'를 만들자는 제안을 해 화제를 모으기도 했고, 『타임스』가 진행한 '타임스 교육위원회 보고서'에서는 브리티시 바칼로레아로의 전환을 강력히 권장하기도 했다.

한국에서 IB 교육은 주로 국제학교나 외국인학교에 도입되었다. 서울의 서울외국인학교나 드와이트국제학교, 인천의 채드윅국제학교, 제주의 노스런던컬리지에잇스쿨 제주 NLCS가 대표적이다. 공교육에서는 경기외고와 충남삼성고가 IB 프로그램을 도입했다. 다만 국어를 제외하고는 수업이 모두 영어로 진행되기 때문에 그동안은 IB에 대한 접근성이 떨어졌던 것이 사실이다. 하지만 최근 IB 한국어판이 전격적으로 만들어지면서 공교육에서 대대적으로 IB 프로그램이 도입되고 확산할 기회가 마련되었다.

한국 교육이 IB를 주목하는 데는 몇 가지 이유가 있다. 첫째, IB는 특정 국가에 맞춤으로 만든 교육 프로그램이 아니다. IB는 어느 나라나 활용할 수 있는 초국가적 관점에서 설계되었고, 글로벌 스탠더드를 지향한다. 창의적 인재를 양성하려는 교육 방침은 전 세계 어디서나 통용되는 교육 지향점이다. 동시에 IB는 특정 국가의 환경적 제약이 작용하지 않기 때문에 가장 이상적인 모델을 구현하기에 용이하다.

둘째, 세계 각지의 여건과 상관없이 표준화된 평가 시스템을 만들어 가장 높은 수준의 평가 공정성을 확보했다. 독일은 학교의 과목 담당 교사가 학생의 대입 성적을 결정하는데, 이에 대한 학생과 학부모의 이의를 찾기 어렵다. 튼튼한 사회적 신뢰를 확보했기 때문이다. 하지만 이런 환경을 전 세계 나라에 공통으로 적용할 수는 없다. IB는 시스템 통제를 통해 평가 공정성을 해결하고자 했고, 이를 위해 그간 정교한 체계를 마련했다. 이는 자율성을 보장하되 필수 가이드라인을 적절하게 제공해 통제력을 잃지 않는다는 점에서 한국이 희망하는 방식이다.

셋째, IB는 공부를 잘하는 학생뿐 아니라 공부를 못하는 학생에게도 좋은 교육 프로그램으로 인정받고 있다. IB는 강도 높은 학습과 고차원적 사고 능력을 기를 것을 요구한다. 엘리트 교육이라는 오해를 받을 만큼 IB 교육은 높은 수준의 성취를 기대하는 학습 프로그램이다. 그러나 동시에 IB는 학습에 어려움을 겪고 있는 학생들의 학습 동기를 끌어올리고 조금씩 성장시키는 건전한 보편 교육 프로그램이기도 하다. 수월성 교육과 보편 교육이라는 서로 상반되는 지향점을 모두 만족시키는 것이다. 누군가를 희생시키지 않는다는 점에서 모든 학생과 학부모가 선호할 수 있는 모델이기도 하다.

넷째, IB는 사회적 부작용이 적다. 한국에서 대학은 지위재로서의 성격을 지니고 있어 IB를 도입한다고 해서 사교육을 완전히 없앨 수는 없을 것이다. 대학 서열 완화와 같은 다양한 조치가 있어야 사교육비 폭증을 멈출 수 있기 때문이다. 하지만 적어도 사교육비 부담으로 인한 고통이 늘어나지는 않을 것이다. 교육 시민단체 사교육걱정없는세상도 이 지점에 공감하고 있다. 실제 IB 수업을 듣는 학생들은 사교육을 주력이 아닌 보조 수단으로 이해한다. 또한 IB는 서울과 지역, 강남과 강북 등 교육 여건에 따른 학업 성취 수준의 차이를 극명하게 만들지 않는다. 지금처럼 지방 학생들의 사교육 여건이 마땅하지 않다는 이유로 정시를 포기하는 식의 불균형이 해소될 수 있다.

다섯째, IB를 한국의 일선 교육 현장에 활용할 수 있게 되었다. 교육계가 IB를 대안 모델로 관찰한 초기에는 어디까지나 딴 세상 이야기였다. 하지만 IB 한국어화가 성사되면서 공교육에 직접 활용될 기회를 얻게 된 것이다. 시스템 도입과 정착은 단순히 관찰로만 이루어지기 어렵다. 전문가의 연구, 교육 책임자의 경험과 이해, 국민적 공감이 모두 이루어져야 실질적인 변화가 가능해진다. IB 학교는 학생들에게는 새로운 교육과 진학 트랙을 선택할 기회를, 교육계에는 새로운 교육을 시도할 토양을 마련하는 기회를 제공하고 있다.

현장에서 목격한 IB 교육

〈교실 이데아〉 촬영을 위해 한국의 IB 공립학교 여러 곳을 장기간 관찰했다. 또한 국내 외국인학교를 비롯해 영국과 일본의 IB 학교를 찾아가기도 했다. 그 과정에서 IB 학교만의 특징과 차별점을 발견했는데, 특히 고등학교 DP 프로그램이 눈에 띄었다. 다큐멘터리가 대입 제도를 중심으로 기획, 제작되어 주의 깊게 관찰했고, 실제로 IB는 고등학교 과정이 핵심이기도 하다.

실생활 연계

학생 : 선생님, 이 공부를 왜 해야 해요?

교사 : 그냥 해. 나중에 크면 왜 필요한지 알게 돼.

일반 교실에서 흔히 볼 수 있는 풍경이다. 학생들은 공부의 이유를 찾는 데 어려움을 겪는다. 공부한 내용을 현실에서 사용하지 않기 때문에 그 내용을 왜 알아야 하는지 실감하지 못한다. 동기 부여는 대부분 외부로부터 주어진다. 안 하면 부모에게 혼나니까, 나중에 불행해진다고 하니까 불안해서 하는 것이다. 그래서 공부를 잘한다는 것은 어른의 말을 잘 듣는다는 뜻이기도 하다. 그나마 긍정적으로 작용할 때는 담당 교사가 좋아서거나 성적이 좋으면 칭찬받아서 정도다. 공부 자체에서 오는 보람이나 즐거움을 찾는 경우는 그다지 많지 않다.

주입식 교육은 이런 현상을 가속한다. 수업 시간 동안 학생들은 말 한마디 하지 않고 교사가 쏟아 내는 말을 머리에 집어넣는다. 잘 모르겠으면 외워서라도 머리에 집어넣어야 한다. 그렇게 학년이 올라가고 하기 싫은 것을 해야 하는 시간이 늘어날수록 학생들의 학습 동기는 더욱 떨어진다. 중학교 이상의 학생들에게 하고 싶은 게 있냐고 물어보면, 대부분이 없다고 대답한다. '한국 교육은 모티베이션의 무덤'이라는 말도 이 때문에 생긴 것이다.

우리가 배우는 지식이란 모두 앞서 살았던 사람들이 당면한 문제를 풀기 위해 고민하다 만들어 낸 결과들이다. 수학으로 치면, 무너지지 않는 집을 지으려다 보니 기하학이 만들어진 것이고, 도박에서 이기고 싶어 확률이 생긴 것이다. 이처럼 필요에 의해 만들어진 것들을 우리는 배우고 있다. 그러나 제아무리 좋은 교재를 만들어도, 비싼 돈을 들여 해외 연수를 보내도 배우길 원하지 않는 사람은 그 가치를 파악하기 어렵다. 써먹을 이유가 사라지면 학생들은 이해가 더뎌지고 공부할 이유를 찾지 못한다. 그런데 우리나라는 이론과 현실의 연결고리를 만드는 데 무관심하다. 우리 교육은 너무 많은 것을, 빨리, 이유 없이 배우도록 강요한다. 많은 시간을 투여하지만, 실제 남는 것은 별로 없는, 가성비 떨어지는 교육이다.

IB 학교에서 만난 고등학생들의 특징은 상위권 학생부터 하위권 학생까지 모두 의욕이 넘친다는 점이다. 일단 수업 시간에 자는 학생이 없다는 게 인상적이었다. 학생들은 쉬는 시간에 카메라 앞으로 다가와 관심을 보이며 이것저것 물었다. 하지만 수업이 시작되자 언제 그랬냐는 듯 학생들의 관심은 카메라에서 멀어졌다. 대개 촬영 현장은 어수선해지기 쉽다. 관찰 대상이 카메라를 의식하기 때문이다. 그러나 IB 학생들은 일반 학생들과 확연히 다른 풍경을 만들어 냈다. 카메라가 가까이 다가가 토론하는 모습을 찍어도, 촬영 스태프들이 움직여도 학생들의 수업 집중력은 흐트러지지 않았다.

IB 학교의 수업은 모두 현실을 바탕으로 이루어진다. 수학에서는 장기 프로젝트 보고서를 써야 하는데, 학생들은 자기 관심사를 바탕으로 주제를 설정한다. 어떤 학생은 부모님의 감귤 농장에 드론으로 농약을 뿌리기 위해서 가장 적정한 고도가 얼마인지를 산출하는 보고서를 쓰고, 어떤 학생은 학교 잔디밭 스프링클러 간의 적정 거리를 찾는 보고서를 쓴다. 농구를 좋아하는 학생은 골이 잘 들어갈 이상적인 포물선을 그려 본다.

국어 시간에는 문학 작품을 읽고 토의를 한다. 문학 하면 현실과 동떨어진 듯 보이지만, 그 작품이 현실에서 시사하는 바가 무엇인지를 학생들은 스스로 생각하고 그에 대해 이야기를 나눈다. 그리고 기아, 전쟁, 환경 파괴, 양극화 등 전 세계적으로 쟁점이 되는 문제와 작품을 연결 지어 깊이 있는 분석과 설명을 한다. 평가 때는 그 작품이 현실에서 시사하는 바가 무엇인지를 말한다.

영어 수업에서는 실제로 글을 읽고 쓰고 듣고, 또 표현해 보는 시간을 갖는다. 케이팝으로 한국에 대한 관심이 높아지면서 한국어를 배우려는 외국인이 늘어나고 있다. 그들이 한국어를 배우고 싶은 이유는 간단하다. 좋아하는 케이팝 가수의 노래를 따라 부르고 싶다는 강렬한 욕망이 있어서다. 이처럼 학생들이 자기가 좋아하는 책을 읽을 때, 책 속에서 흥미를 발견할 때, 학우와 교사에게 자신의 감흥이나 생각을 말할 때 외국어는 쓸모 있는 도구가 된다.

'바칼로레아'라는 말을 들으면 프랑스의 대입 시험 바칼로레아를 떠올리기 쉽다. 현실과 동떨어진 관념적 사고를 요구하는 듯 보이는 시험을 한국 학생이 주력해서 공부해야 하는지 의구심이 들 수 있다. 그러나 IB는 매우 실용적인 관심을 기반으로 운영되는 교육 프로그램이다. IB는 학생을 평생 학습자로 키우는 것을 중요하게 생각한다. 공부는 학창 시절로 끝나는 일이 아니라 평생 해 나가야 할 일이기 때문이다. IB의 실생활 연계성은 학교를 졸업하고 사회로 나갈 때 단절될 수 있는 공부 습관을 연결 짓는다. 그리고 이런 실용적 태도는 사회생활 자체에도 도움이 된다. 공부 머리와 일머리가 분리되지 않고 공부 머리가 일머리가 되기 때문이다. IB의 지향점은 대학에서, 그리고 사회에서 더 크게 빛날 수 있으리라 충분히 예상할 수 있다.

다원적 사고

IB 학생들에게는 무엇보다도 경청하는 습관이 몸에 배어 있다. 꽤 긴 토론 시간에도, 상대의 말에 동의하지 않을 때도 성급히 말을 자르지 않는다. 상대의 얘기를 끝까지 듣는다. 일반적으로 학교에서는 '서로 존중하면서 다른 생각을 틀렸다가 아닌 다르다고 생각하자'라고 가르친다. 그러나 '네 생각은 틀렸으니, 출제자의 의도에 맞추라'는 주입식 교육 현장에서는 다름을 인정하라는 메시지가 잘 받아들여지지 않는다. 주입식 교육과 객관식 시험이 지배하는 환경에서 자라면, 학생들은 머리로는 다원성이 옳다고 생각해도 실제로는 관점이나 생각이 다른 사람을 쉽게 받아들이지 못한다. 거기에 상대평가가 더해지면 수업 현장은 우월감과 열등의

식이 가득 찬 파괴적인 공간이 된다. 그래서 학생들에게 토론하라고 말해도 그 교실에는 침묵만이 채워진다.

IB는 평화, 인권, 다양성, 상호 존중 등을 교육 전반에 걸쳐 적극적으로 추구한다. 그래서 특정 지역이나 국가의 사관이나 이데올로기를 주입하는 방식을 지양한다. 정답을 정해 주는 주입식 교육은 모든 나라에서 호환되기 어렵다. 어떤 정답은 다른 나라에서는 정답이 아닌 경우가 많기 때문이다. 그래서 IB는 무엇이 진리라고 정하기보다는 무엇이 진리인지 묻고 고민하고 표현하는 수업을 추구한다.

IB를 처음 접한 사람 중에는 IB가 외국 프로그램이라는 것에 반감부터 가지는 경우가 적지 않다. 실제 IB의 도입과 확산이 지체되거나 지역별로 추진 속도가 다른 이유가 여기에 있다. 즉 우리 교육에 대한 자긍심이 강할수록, 또 '외세'의 간섭에 불안감을 느낄수록 IB에 대해 더 많은 거부감을 느끼는 것이다. 하지만 실제 IB의 모습은 그런 측면에서 봤을 때 무색무취하다. 정해진 교과서가 없고 교사가 정답을 주입하지 않으므로 특정한 방향성을 강제할 수 없다.

IB 프로그램은 지역 문화와 언어에 깊숙이 뿌리박고 있다. 다른 문화와 사고방식을 이해하고 다른 언어를 배우기 전에 자신의 배경과 문화적 정체성을 알 필요가 있기 때문이다. 수업에서는 자기 자신에 대해, 또 자기가 살고 있는 지역에 대해 더 많은 관심을 쏟도록 유도한다. 실제 IB는 55개의 언어로 모국어 문학 수업을 들을 수 있도록 설계했다. 또한 IB 수업을 듣는 학생들은 실생활 연계 프로젝트에 많이 참여하는데, 자기 삶과 직접적인 관련이 있는, 자신의 주변 이슈들을 수업이나 연구에 가져와야 한다. 예를 들어 제주에 있는 IB 학교 표선고에서는 4.3사건, 해녀, 자연 등이 주된 프로젝트 소재가 된다. 동시에 역사 수업에서는 이탈리아 무솔리니와 독일 히틀러의 전체주의가 어떻게 다른 특징을 보이고 발흥했는지를 배운다. 교육 프로그램의 전체 틀부터 수업 내용까지 다양한 관점을 이해하는 데 방점이 찍혀 있는 것이다.

물론 무엇이든 옳고 무엇이든 가능하다는 식으로 수업이 '널널하게' 이루어지지는 않는다. IB는 주장이나 입장 자체보다는 근거를 중시한다. 왜 그렇게 생각하는지 답하는 과정이 평가의 핵심이다. 그래서 평가에서 고득점을 받으려면 나의 의견만 잘 내세우는 것이 아니라 다양한 의견을 반영하고 검토해야 한다. 여러 입장을 살펴본 후 자신이 왜 그렇게 생각하는지를 밝혀 나가야 한다. 그러려면 수업 중에도 비슷한 생각을 하는 사람보다는 자신과는 다른 생각을 하는 사람과 소통해야 하는데, 그런 노력이 고득점을 받을 수 있는 기본 전제가 된다. 자신과 반대되는 의견을 가진 사람들의 말을 경청하다 보면 생각을 더 발전시킬 아이디어를 얻을 수도 있다. 토론은 싸움과 승패만을 전제하지 않는다. 깊고 폭넓은 사고를 위해 서로가 서로에게 도움이 되는 이야기를 나눌 뿐이다.

답이 정해져 있지 않고 정답과 오답을 가르는 닫힌 세계가 아니기 때문에 IB 학생들은 더 깊고 더 넓게 자기 생각을 다듬어 나가는 데 전념할 수 있다. 처음에는 답은 가르쳐 주지 않고 질문만 계속하는 수업이 고통스러울 수 있다. 하지만 그 과정에서 학생들은 구체적인 논리, 편협하지 않은 사고, 남다른 표현 방법 등을 길러 나간다.

이런 수업에서 경쟁은 독으로 작용한다. 서로가 경쟁자라면 아무것도 내놓지 않을 것이다. 하지만 내가 좋은 점수를 받기 위해 친구의 점수는 떨어져야 하는 제로섬 게임이 아니라면 상호 협력은 훨씬 쉽고 강렬하게 일어난다. 그래서인지 IB 학교에서는 학생들이 서로 가르쳐 주고 배우는 장면을 쉽게 목격할 수 있다. 집단 지성을 장려하는 학교 안에서 학생들은 끈끈한 동료의식을 쌓고, 서로 도와서 모두 좋은 대학에 가자는 의지로 똘똘 뭉친다.

표현 중심의 교육, 그리고 평가

"이 친구가 표현은 못 해도, 알긴 다 알아요."

한국 교육에서는 통용되지만, IB에서는 해당하지 않는 말이다. IB에서는 표현하지 못하면 모르는 것이다. 객관식 시험은 말 한마디 하지 않아도, 글 한 줄 쓰지 않아도 점수를 받을 수 있다. 그러나 IB에서는 점수를 받으려면 말하고 써야 한다. 긴 보고서를 작성해야 하고 구술 평가를 받아야 한다. 수업 시간은 토론의 연속이다. 토론은 잡담과 다르다. 논리적으로 치열하게 고민하며 말해야 한다.

보통 다큐멘터리를 만들면서 청소년 대상으로 인터뷰를 진행하는 건 고생길일 때가 많다. 질문을 하면 "좋아요", "재밌어요", "몰라요"같이 모두 단답형으로 돌아온다. 그래서 말 잘하는 친구를 열심히 찾아야 한다. 하지만 IB 학교에서 만난 학생들은 모두가 말을 잘했다. 애써 말 잘하는 학생을 찾지 않아도 된다. 물론 IB 학생들이 모두 달변가라는 뜻은 아니다. 말수가 적고 소위 '말발 좋다'는 생각이 들지 않는 학생들도 있다. 하지만 얘기를 듣다 보면 깊이 고민한, 자신의 논리대로 잘 정리된 생각이라는 게 느껴진다.

단순히 안다는 것만으로 사회에 기여하거나 수익을 창출하는 일은 거의 없을 것이다. 사회 구성원으로서 나름의 역할을 해야 하고, 더 나은 세상을 만들기 위한 구체적인 활동과 의미 있는 결과를 이끌어 내야 한다. '공부 머리는 있는데 일머리는 없다'는 말은 공부는 집어넣는 것이고 일은 꺼내는 것이라는 구분 때문에 생긴 말이다. 그러나 일이건 공부건 잘하기 위해서는 집어넣고 또 꺼내야 한다. 이 둘이 동시에 이루어지도록 훈련해야 한다. 한국 교육은 이 점에 무심하고 그 중요성에 무지하다.

사람들은 단 하루 만의 시험으로 인생이 좌우된다는 것은 상당히 비인간적이라 말한다. 그 하루가 주는 압박감을 말로는 형용할 수 없을 것이다. 〈교실 이데아〉의 프리젠터 한가인은 지금도 큰 스트레스를 받는 일이 생기면 수능을 보는 꿈을 꾼다고 한다. 시간에 쫓기다 답을 밀려 써서 허둥대는 꿈을 꿔 본 사람이 결코 그만은 아닐 것이다. 한편 수능처럼 중요한 시험은 하루 만에 본다는 게 사람들의 머릿속에 디폴트로 자리 잡혀 있기도 하다. 그런데 자신의 모든 능력을 보여 주는 시험이 과연 하루 만에 치러질 수 있긴 한 걸까? 사실 그런 '완벽한' 시험은 세상에 없다. 수능처럼 하루 만에 진행되는 시험은 그 자체로 이미 상당히 제한적인 시험이라는 것을 뜻한다. 그만큼 학생의 다양한 표현 능력을 확인하지 못하는 취약한 시험인 것이다.

한국 교육에서 다양한 표현 능력이 평가되지 않은 이유는 객관식 시험으로 평가할 수 없는 모든 것이 주관적이고, 그래서 공정하게 평가할 수 없다는 사회적 믿음이 강고하기 때문이다. 그로 인해 학생들의 성장에 심한 불균형이 생겨도 어쩔 수 없다고 생각해 왔다. 그 결과 객관식 평가를 더 정교화하고, 객관식으로 다른 능력들을 측정해 보려는 데 골몰해 왔다.

IB 평가의 특징은 크게 두 가지로 볼 수 있다. 첫째, IB는 학생의 역량 전체를 평가하기 위해 다양한 방식을 이용한다. 시험의 타당성은 학생의 학습 역량을 다양한 각도에서 평가할수록 높아지기 때문이다. 예를 들어 IB DP 국어에서 외부 평가(입시)는 두 개의 시험으로 이루어지는데, 모두 논술형으로 진행된다. 첫 번째 시험에서는 제시된 텍스트 두 개를 분석하고, 두 번째 시험에서는 자신이 배운 문학 작품을 해석한다. 내부 평가(내신)에서는 긴 시간을 공들여 준비하는 소논문을 제출해야 하고 말로 진행하는 구술 평가도 진행된다. 영어에서도 구술 평가가 진행된다. 반면 수학에서는 구술 평가가 없고 장기 프로젝트 보고서를 수준 높게 써야 한다. 과목별로 필요한 역량을 고루 확인하기 위해 다채로운 평가 방식이 도입된다.

다양한 시험 방식 때문에 학생들이 준비해야 할 것이 너무 많지 않으냐는 걱정이 앞설 수 있다. 하지만 IB의 시험은 수업에서 이루어진 모든 활동을 바탕으로 하므로 수업에 충실히 임하기만 하면 된다. 예를 들어 국어 수업에서는 읽기 훈련과 토론 훈련, 보고서 작성이 지속적으로 이루어진다. 이렇게 훈련한 역량을 바탕으로 글을 쓰고 구술 평가를 보고 보고서를 제출해 평가가 이루어진다. 국어 공부를 하면서 키운 역량은 가령 역사에서 진행하는 에세이 작성에 도움이 되는 식으로 다른 과목으로 전이된다. 파편화된 시험 조건들에 맞춰 동분서주하는 것이 아니라 얼라인먼트가 잘 짜인 시험으로 학생들의 능력을 종합적으로 평가하는 것이다.

둘째, IB 평가는 준거 지향 절대평가를 운영한다. 준거 지향 절대평가는 성취 수준에 따라 점수나 등급을 부여한다. 자전거 타기를 예로 들어 보자. 상대평가는 옆 사람보다 얼마나 더 잘 타느냐로 성적이 결정된다면, 준거 지향 절대평가는 자전거 타는 능력에 맞는 기준이 제시되어 해당하는 성취 수준에 따라 등급이 부여된다. 모두가 자전거를 잘 타면 모두가 최고 등급이 될 수 있다. 반면 학급에서 자전거를 가장 잘 타도 그 수준이 모자라면 최고 등급을 받을 수 없다. 이런 평가 환경에서는 굳이 남과 비교할 필요가 없다. 스스로 얼마나 연습해서 목표에 도달하는지에만 집중하면 된다. 변별을 위해 추가 옵션을 넣을 필요도 없고, 초반에 넘어졌다고 걱정할 필요도 없다. 목표에 도달만 하면 된다.

수능 영어 영역에서도 절대평가를 운영하고 있다. 하지만 준거 지향 절대평가는 아니다. 영어 영역에서 90점을 넘으면 1등급을 받는다. 2024학년도에는 4.71퍼센트가 1등급을 받았고, 2023학년도에는 7.83퍼센트가 1등급을 받았다. 이 수치는 무엇을 말할까? 2024학년도 수능이 더 어려웠을 수도 있고, 그해 시험을 본 학생들의 영어 실력이 부족했을 수도 있다. 1등급을 받았다고 해도 시험 성적이 해당 학생의 영어 수준을 보증하지 못한다. 등급 산정에 '절대'라는 기준을 붙이기 어렵기 때문이다. 하지만 준거 지향 절대평가는 학생들의 전반적인 수준이 높고 낮음에 영향을 받지 않고, 오직 점수 자체로 학생의 실력을 평가한다. 이런 평가가 이루어지려면 말 그대로 준거가 절대적 신뢰를 지녀야 한다.

4장
IB 커리큘럼과 평가 시스템

IB 커리큘럼의 기본 구조

IB는 기본적으로 중학교 과정MYP 5년, 고등학교 과정DP 2년으로 구성되어 있지만, 각 나라 학제에 맞춰 변형할 수 있게 설계되어 있다. IB의 DP는 고2, 고3 학년 때 진행하는데, 한국 공교육에서는 고1 때 학교별로 Pre-DP라는 과정을 만들어 운영하고 있다. 이 과정은 DP 과정을 이수하기 위해 필요한 기초 역량을 기르는 사전 훈련 과정이며, 동시에 한국 교육과정에서 필수로 이수해야 하는 수업들로 구성된다. 중학교 프로그램은 IB MYP 5년 과정 중 2, 3, 4년 차에 해당하는 부분에 맞춰 진행한다. IB 초등 프로그램PYP은 초등학교 1학년에서 6학년뿐만 아니라 유치원 연령까지 가능하다.

IB 초등학교, 중학교 프로그램은 보통 '교육과정'이라고 하지 않는다. 해당 프로그램은 커리큘럼이 아닌 프레임워크이기 때문이다. 즉 어떤 것을 가르쳐야 한다는 교과 내용이 정해져 있지 않고, 어떻게 가르쳐야 한다는 포맷만 있다. 초등학교, 중학교 교육은 전 세계 거의 모든 나라가 자체 국가교육과정을 운영하고 있으며, 의무로 이수해야 하는 과목과 지켜야 할 규정이 많아 커리큘럼을 별도로 세우기 어렵다. 그래서 IB는 각 나라의 교육과정을 포함하되 그 학습과 평가를 IB 가이드에 맞춰 진행하도록 만들었다. 다만 고등학교 프로그램인 IB DP는 대입 시험이 있기 때문에 커리큘럼이 있지만, 학교가 전체 교육과정을 도입하지 않고 각 과목을 교육청에서 개별적으로 승인받아 운영한다. 고교학점제에서 학생의 관심사에 맞게 과목을 선택할 수 있듯이 IB 국어, IB 역사, IB 수학 등을 진로 선택 과목으로 운영하는 것이다. 요컨대 IB는 우리나라 국가 교육과정과 충돌하지 않도록 적용할 수 있다.

IB DP는 한국의 과목 영역으로 치면 국어, 영어, 수학, 사회탐구, 과학탐구, 예술의 여섯 가지 영역으로 구성되어 있고, 영역별로 반드시 한 과목을 선택하게 되어 있다. 상당히

IB DP 영역

	영역	과목명
1영역	언어A	모국어 문학, 모국어 언어와 문학
2영역	언어B	외국어, 외국어 기초, 고전어
3영역	개인과 사회	역사, 경영, 경제, 지리, 철학, 심리학, 국제정치, 인류학 등
4영역	과학	화학, 생물, 물리, 컴퓨터과학, 환경, 스포츠 및 건강
5영역	수학	분석과 접근, 응용과 해석
6영역	예술	연극, 영화, 미술, 음악, 무용

많은 수의 개설 과목이 마련되어 있지만, 과목들은 엄선해서 규격화되어 있다. 개설된 과목들이 세계 어느 곳에서도 균일한 체제 내에서 수업과 평가가 이루어져야 하기 때문이다.

IB DP는 전 세계 다양한 언어로 모국어, 외국어 과목이 개설되어 있다. 1영역 언어A는 모국어 과목이고, 2영역 언어B는 외국어 과목이다. IB는 모국어를 매우 중시한다. IB 언어 과목은 단순히 언어교육 프로그램이 아니라 전 과목에서의 깊이 있는 사고 역량을 기르는 프로그램인데, 가장 깊이 있는 생각은 모국어로 할 때 가장 잘 길러질 수 있기 때문이다. 글로벌 마인드를 중요하게 생각하지만, 그것이 로컬에 뿌리를 두고 있다는 것을 간과하지 않기 때문이기도 하다. 그래서 IB는 국제학교를 다닌다고 하더라도 국어 수업은 자신의 모국어로 들을 수 있도록 만들었다. 영어로 수업 전반을 진행하는 경기외고나 충남삼성고 역시 국어 수업은 한국어로 진행한다.

3영역 사회와 4영역 과학은 과목 선택의 폭이 다양하다. 하지만 현재 한국어화를 마친 과목은 역사, 화학, 생물뿐이다. 나머지 과목들의 번역이 이루어지지 않아 아직 한국에서는 영역별 과목 선택의 다양성이 실현되고 있지 않지만, 교육청 관계자들에 따르면 머지않은 시점에 사회의 경제와 지리, 과학의 물리와 컴퓨터과학 같은 과목들이 한국어화 될 예정이다. 6영역 예술은 영화, 연극, 음악 등 여러 과목이 있는데, 예술 과목을 듣지 않고 사회나 과학에서 한 과목을 더 선택할 수 있다. 한국에서는 6개 과목 중 두 과목을 영어로 시험 보는데, 영어(외국어) 과목을 영어로 시험 보는 건 기본이고, 학교별로 예술 과목(연극, 미술)을 영어로 시험 보거나 상대적으로 영어 비중이 적은 컴퓨터과학이나 물리를 영어로 시험 보기도 한다. 수업 언어는 한국어와 영어를 혼용해도 되나 시험은 영어로 치러야 한다. 그래서 한국어화 된 DP 과정을 정확히는 'DL DP(이중언어 디플로마)'라고 부른다. 수강하는 데 필요한 언어(교수 언어)가 한국어와 영어 두 개이기 때문이다. 상대적으로 영어의 부담이 조금 더 크다고 볼 수 있는데, 학생들이 느끼는 영어 부담은 학부모들이 걱정하는 것처럼 커 보이지 않는다. 두 과목 수업을 통해 영어 능력이 충분히 신장되기 때문이다.

IB 학생들은 국어, 영어, 수학, 사회탐구, 과학탐구, 예술 영역에서 한 과목씩 선택하는데, 이 중 3개 과목은 하이 레벨(High Level, 심화 수준)을 듣고 나머지 3개 과목은 스탠더드 레벨(Standard Level, 표준 수준)을 듣는다. 하이 레벨 과목은 수업 시간을 60분 기준으로 240시간을 이수해야 하고, 스탠더드 레벨 과목은 150시간을 이수해야 한다. IB는 6개 영역을 골고루 듣게 해 진로 선택의 고민을 유도하면서도 자신의 장단점과 관심 방향에 따라 과목별 심도를 조절하는 식으로 구성했다. 균형을 갖추되, 관심과 수준에 맞춰 과목 난이도를 조절할 수 있다는 점은 IB의 과목 설계의 큰 특징이다. 이 특징은 자국의 교육과정에 따라 다르게 보일 수 있다. 한국에서는 과목 수가 줄어든 형태고, 반면 영국에서는 A레벨과 비교하면 과목 수가 늘어난 형태다.

하이 레벨, 스탠더드 레벨로 나누는 수업 형태는 얼핏 보면 우열반으로 착각할 수 있다. 하지만 모두가 3개 과목은 심화반, 3개 과목은 기본반을 듣게 되어 있어 위화감이 조성되지 않으며, 자신의 강점은 살리고 약점은 보완할 수 있도록 설계되어 있다. 아무리 공부를 잘한다고 해도 하이 레벨을 3개 이상 들을 필요는 없다. 하이 레벨을 4개 과목 선택한다고 해도 전 세계 어느 대입에서도 더 유리하지 않기 때문이다. 기본적으로 IB는 3개 과목을 심화하는 것으로 학업 성취는 충분하다고 본다.

국내 IB 학생들의 과목 선택 양상을 보면, 과거에 문과 이과로 구분되듯 유사하게 나뉘는 경향이 있다. 예를 들어 이공 계통을 지망하는 학생이라면 수학, 화학, 물리 등을 하이 레벨로 듣고, 문과 성향이 강한 학생들은 국어, 영어, 역사 등을 하이 레벨로 들을 수 있다. 그런데 영국 다포드 그래머 스쿨에서 만난 학생들은 하이 레벨과 스탠더드 레벨을 각양각색으로 선택한다. 진로 고민을 많이 하다 보니 세부적인 과목 선택이 독특하게 이루어져 있는 것이다. 예를 들어 조향사가 되기를 희망하는 학생은 화학, 예술, 외국어(프랑스어)를 하이 레벨로 듣는다.

IB는 6개 영역 이외에 T.O.K Theory Of Knowledge(지식 이론), E.E Extended Essay(소논문), C.A.S Creative Activity Service(창의 체험 봉사)라는 과목을 필수적으로 이수하도록 구성해 두고 있다.

이 부분 역시 IB만이 가진 독특한 특징이라고 할 수 있다. 이 세 과목은 코어 과목이라 반드시 이수해야 하고, 이 중 하나라도 미비하면 디플로마(학위)가 나오지 않는다(학위는 못 받아도 국내 고등학교 졸업은 할 수 있다). T.O.K는 철학 중에서 인식론을 집중적으로 다루는 분야로, 근본적으로 지식이란 무엇인지, 우리가 안다는 것은 무엇인지, 내가 안다는 것이 정말 아는 것인지 등을 묻고 답하며 지식 자체에 관해 공부하는 과정이다. 이 공부는 앎과 배움이라는 본질적인 행위에 대해 메타인지를 하는 데 의미가 있다. T.O.K에는 정규 수업 시간이 있고 외부 평가도 있다. 어려워 보이지만, IB 학생들이 가장 좋아하는 과목이기도 하다.

E.E는 특정 과목에서 벗어나 더 심도 있는 연구를 통해 과목별 에세이보다 조금 더 긴 글을 쓰는 과정이다. 주제는 6개 과목 안에서 선택하거나 여러 과목을 융합해서 정할 수 있다. E.E에서는 담당 교사가 피드백을 주는 등 밀착 관리를 하는데, 대학으로 치면 지도 교수 같은 역할이다. 또한 보고서 작성법도 정식으로 배우는데, 이런 과정은 대학 공부를 준비하는 데 큰 도움이 된다.

C.A.S는 '창의 체험 봉사 진로 탐색 활동'과 유사한 과목으로 합격, 불합격만 주고 점수를 매기지는 않는다. C.A.S는

거의 모든 활동에 대해 학생들이 기록하고 또 성찰 일지를 쓰게 되어 있다. 담당 교사는 그 과정을 꼼꼼하게 확인하면서 학생 스스로 생각하고 활동하고 성찰하는지 살핀다.

이 세 가지 코어 과목은 IB가 매우 중요하게 생각하는 영역인데, 교과 과목에 함몰되지 않고 세상에 대해 더 깊은 고민을 하고 접촉면을 넓혀 보라는 취지다. IB는 코어 영역을 통해 다양한 지적 활동을 최대한 보장하되 이 모든 내용을 외부 활동이 아닌 교과 내로 흡수하는 시스템을 만들었다. 이런 활동을 통해 의사소통 능력, 창의력, 협동심, 리더십 등이 개발될 수 있고, 이는 동시에 교과라는 틀 안에서 평가 대상이 된다.

IB는 등급제로 되어 있고, 최종 점수는 45점 만점으로 이루어진다. 6개 영역이 각 7점 만점으로, 합산하면 최대 42점이 된다. 여기에 T.O.K, E.E, C.A.S를 합쳐서 3점이 주어진다. C.A.S는 합격, 불합격만 있어서 사실상 T.O.K, E.E 두 개가 합쳐져 점수로 산출된다. 이 점수를 산출하는 매트릭스도 공개되어 있다.

IB 응시자는 45점 중 24점 이상을 받으면 디플로마가 부여된다. IB 디플로마를 받기 위해서는 IB 점수를 24점 이상 받아야 하며, 추가적인 요건들을 충족해야 한다. 대표적으로 T.O.K와 E.E에서 합산 점수로 D 이상을 받아야 하며, C.A.S를 통과해야 한다. 또한 세 과목 이상에서 3점 이하의 점수를 받으면 안 되는 등 세부적인 규정이 있다.

2023년 IB DP 관련 통계 자료 「The IB Diploma Programme and Career-Related Programme May 2023 Assessment Session Final Statistical Bulletin」에 따르면, 2023년 상반기에 외부 평가에 응시한 학생은 약 18만 명으로, 이 중 80퍼센트가 디플로마를 받았고 전체 평균 점수는 30.24점이었다. 과목당 6점(6등급)을 받고 핵심 과목에서 2점 정도를 받으면 38점으로, 보통 해외 명문 대학 지원이 가능하다. 여기서 6점은 A에 해당하고 7점은 A+에 해당한다. IB는 상위권 변별이 세심하게 이루어지는 평가 체제로, 각 과목에서 7점을 받는 것은 상당히 어렵다. IB의 평가는 열린 질문에 답하는 방식으로 이루어진다. 그래서 답안지의 수준 차이가 크게 날 수밖에 있다. 높은 수준을 최상위 등급으로 설정하면 그곳에 도달하기가 쉽지 않다. 매거진 『Think Global People』(2023.7.29.)에 따르면, 2023년 상반기를 기준으로 40점 이상을 받은 학생은 전체 중 8.87퍼센트였고, 만점자는 179명이었다.

IB의 평가 시스템

　IB에는 수능처럼 외부에서 출제, 채점하는 외부 평가와 내신처럼 교사가 채점하는 내부 평가가 있다. IB는 다양한 시험을 운영하고 공정한 방식으로 채점을 진행한다. 그리고 면밀하게 짜인 평가 시스템을 통해 학생들의 시험 성적을 등급으로 나누는데, 그 기준에 대해 교사와 학생이 모두 동의하고 납득한다. 객관식 일변도인 한국 시험의 상대평가 중심 체계와는 완전히 다른 평가 시스템을 가졌다고 할 수 있다.

외부 평가

예시

1. 교과목(제1 언어-모국어)

- 어떤 이유로 문학 작품은 허구임에도 불구하고 진실을 추구한다고 말할 수 있는지 공부했던 두 작품을 예시로 들어 비교, 분석하시오.

- 공부했던 둘 이상의 시인의 시에서 화자가 시의 분위기를 전달하기 위해 사용한 감각적 심상의 특징을 비교와 대조를 통해서 논하시오.

2. 교과목(제2 언어-외국어)

- 우리 사회의 많은 10대들은 그들의 외모에 대해 불안해한다. 왜 10대들이 그러한 불안을 느끼는지에 대한 이유와 해결책에 대해 청소년 잡지에 게재할 글을 쓰시오.

---

3. 교과목(개인과 사회-역사)

- 냉전의 발달에 있어서 한국전쟁의 의미를 평가하시오.

- 사회 경제적 변화의 원인으로 기근과 질병의 중요성을 평가하시오.

IB 외부 평가에 나온 시험 문제 예시다. 한눈에 봐도 수준 높은 질문이라는 것을 알 수 있다. 깊은 고민이 필요하고 자기 생각을 잘 전달해야 하는, 뛰어난 사고력과 표현력을 요구하는 문제다. 객관식 시험에 익숙한 우리에게는 더욱 어렵게 느껴질 수 있다. 한편으로 이런 시험이 채점자에 따라 점수가 달라지지 않는다는 게 가능할까 싶은데, IB는 다음과 같은 시스템을 통해 품질 관리에 성공하며 공신력을 쌓아 왔다.

IB 외부 평가는 전 세계에서 5월과 10월에 두 번 진행되는데, 3주에 걸쳐 시행된다. 한국 IB의 경우 학제에 따라 10~11월에 시험을 진행한다. 시험이 치러지면 모든 답안지는 밀봉되어 가까운 채점 센터로 보내진다. 주로 유럽, 아시아, 아프리카는 영국 카디프로, 미주는 워싱턴 D.C로 보내진다. IB 채점 센터장 매슈 글랜빌은 채점 과정을 다음과 같이 설명했다.

IB 본부에는 약 4만 명의 채점관이 등록되어 있고, 이 중에 일부가 채점에 참여합니다. 2023년에는 1만 6,000명이 채점을 진행했습니다. 참고로 채점관들은 1년에 대략 132만 6,000개의 답안지를 채점합니다. 시험을 치르면 그 시험지를 가까운 채점 센터에 보내도록 각 학교에 요청합니다. 그런 다음 답안지를 스캔해서 디지털 복사본을 만들어 전 세계 채점관에게 시험지를 보냅니다. 채점관은 한 학교에서 온 답안지만 받지 않고, 전 세계 다양한 학교에서 온 여러 학생의 답안지를 받게 되는데, 학생을 완전히 익명화해서 학생이 누군지, 시험지가 어디서 왔는지 전혀 알 수 없도록 합니다. 이 익명성은 채점관이 편견을 가지지 않도록 하는 데, 또 다양성을 확보하는 데 매우 중요합니다.

채점자 그룹은 일반 채점관Examiner, 선임 채점관Senior Examiner, 책임 채점관Principle Examiner, 수석 채점관Chief Examiner으로

나뉜다. 그들은 각각 하는 일이 다르다. 서로 협력하고 협의도 하지만, 권한이 배분되어 있어 한 사람이 독단적으로 진행할 수 없도록 구조화되어 있다.

일반 채점관은 채점 일선에서 시험 답안지에 직접 채점하는 사람들이다. 제공된 루브릭에 맞춰 답안지에 어느 정도 점수를 줄 것인지 정한다. 채점 루브릭은 항목화되어 있다. 예를 들어 언어A(국어) '언어와 문학'(하이 레벨) 과목에서 두 개의 텍스트를 비교 분석하는 시험2의 채점은 30점 만점으로 평가 항목 A(이해 및 해석), B(분석 및 평가), C(초점과 구성), D(언어)로 나뉘며, 항목당 배점은 10, 10, 5, 5점으로 정해져 있다. 나아가 항목 A는 9~10레벨, 7~8레벨 등으로 나뉘며, 학생의 답안지가 어느 레벨까지 도달했는지를 확인할 수 있도록 가이드를 제공한다. 이렇게 채점의 방향과 세부 항목별 기준이 마련되어 있기 때문에 채점관의 채점 편차를 최소화할 수 있다.

선임 채점관은 시험이 종료되고 답안지가 채점 센터에 모이면 일반 채점관들이 채점을 시작하기 전에 먼저 샘플을 뽑아 채점을 시작한다. 그리고 합의를 거쳐 샘플 답안지의 채점 결과를 기준으로 정리하고, 왜 그 답안지가 점수를 그렇게 받았는지 이해할 수 있게 설명을 덧붙인다. 이렇게 만

언어A(국어) 외부 평가 시험2 루브릭

항목	배점	평가 내용	설명
A	10	이해 및 해석	- 작품에 대해 얼마나 이해하고 있는가? - 작품에 대한 지식과 이해를 바탕으로 작품 간 유사성과 차이점을 충분히 도출했는가?
B	10	분석 및 평가	- 작가가 선택한 언어, 기법, 문체 등이 의미 형성에 미친 영향을 얼마나 분석하고 평가했는가? - 응시생은 분석과 비평 기술을 얼마나 효과적으로 사용하여 두 작품을 비교, 대조했는가?
C	5	초점 및 구성	- 아이디어가 얼마나 균형을 가지고 있고 초점에 맞게 잘 구성되어 있는가?
D	5	언어	- 언어의 사용이 얼마나 명확하고 다양한가? - 분석에 적합하게 어휘, 어조, 문장 구성, 용어 사용 등이 이루어졌는가?

항목 A 상세 루브릭

점수	등급 기준표
0	아래 등급 기준표에서 명시한 기준을 충족하지 못합니다.
1-2	에세이가 설명 중심적이거나 또는 텍스트의 특징 및/또는 폭넓은 작가의 선택과 관련된 적절한 분석을 거의 보여 주지 못합니다.
3-4	텍스트의 특징 및/또는 폭넓은 작가의 선택에 관한 분석이 어느 정도 적합하지만, 설명에 의존합니다. 선택한 작품에서 작가의 선택에 관한 비교 및 대조가 피상적인 수준입니다.

5-6	텍스트의 특징 및/또는 폭넓은 작가의 선택에 관한 분석이 일반적인 수준에서 적절합니다. 선택한 작품에서 작가의 선택을 적절하게 비교 및 대조했습니다.
7-8	텍스트의 특징 및/또는 폭넓은 작가의 선택에 관한 분석이 적절하며, 때때로 통찰력 있는 분석도 포함합니다. 텍스트의 특징 및/또는 작가의 선택이 의미 형성에 어떤 영향을 미치는지에 대한 평가가 잘 이루어졌습니다. 선택한 작품에서 작가의 선택에 관한 좋은 비교와 대조를 보여 줍니다.
9-10	텍스트의 특징 및/또는 폭넓은 작가의 선택에 관해 통찰력 있고 설득력 있는 분석을 지속적으로 보여 줍니다. 텍스트의 특징 및/또는 작가의 선택이 의미 형성에 어떤 영향을 미치는지에 대한 평가가 매우 잘 이루어졌습니다. 선택한 작품에서 작가의 선택에 관해 매우 좋은 비교 및 대조를 보여 줍니다.

들어진 샘플 답안지를 IB에서는 '시드 페이퍼Seed paper'라고 부른다. 이 시드 페이퍼가 일반 채점관들의 채점 일치도를 높이는 소스(자원)가 된다. 실제 채점에서는 어떤 식으로든 채점관 사이에 이견이 생길 수 있다. 평가 방식이 매번 완전한 합의에 이를 수는 없기 때문에, IB는 시드 페이퍼를 통해 개별 채점관이 어떤 식으로 평가해야 하는지 명확한 가이드를 주고 이를 강제한다. 채점 가이드가 내려지면 모든 채점관이 하나의 기준으로 채점을 이어 나가게 된다. 그렇게 채점자 간 불일치를 줄일 수 있다. 즉 채점관들이 일정 수준의 자격을 얻으면 매 채점 상황에서 기계적으로 채점 일치도를

보여 주는 것은 아니다. 하나의 시험이 정해지면 그에 맞는 구체적인 기준이 함께 정해져야 채점 일치도가 높아진다고 볼 수 있다.

시드 페이퍼는 3개로 나뉘어 활용된다. 먼저 일반 채점관들이 해당 문제에 대한 답안지 채점 방식을 알 수 있도록 교육하는 용도로 사용된다. 채점에 들어가기 전에 답안지에 대한 채점 기준을 명확히 이해시키는 과정이다. 숙지가 되면 채점에 투입되기 전에 제대로 채점할 수 있는지 테스트를 받는다. 이때 다른 시드 페이퍼 1/3이 사용된다. 이 테스트를 거쳐 통과하면 일반 채점관은 본격적인 채점에 들어가는데 여기서 나머지 1/3의 시드 페이퍼가 사용된다. 답안지는 10개 정도로 묶여 채점관에게 전달되는데, 그중 1~2개의 시드 페이퍼가 숨어 있다. 이 시드 페이퍼를 이해하기 쉽게 '스파이 답안지'라고 부르기도 한다. 평가에 미숙한 채점관을 찾아내는 역할을 하기 때문이다. 일반 채점관 중 누구라도 선임 채점관이 정한 시드 페이퍼 점수에서 기준 이상 멀어진 점수를 부여하면, 그때는 해당 채점관의 채점 과정이 즉시 중단된다. 그리고 해당 채점관이 어디부터 잘못했는지 면밀히 점검한다. 만약 채점의 부실이 확인되면 채점관의 참여는 제한되며, 때론 채점관의 지위가 박탈되기도

시드 페이퍼

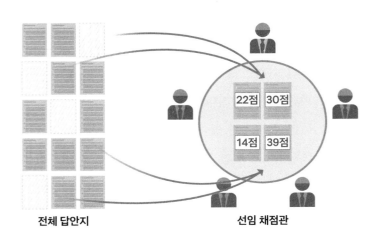

전체 답안지   선임 채점관

일반 채점관

시드 페이퍼

일반 채점관

LOGOUT

한다.

시드 페이퍼가 첫 번째 안전장치라면 두 번째 안전장치는 교차 채점이다. 수학이나 과학 일부 시험처럼 정답이 명확해 채점자 간 이견을 보이기 어려운 경우를 제외하곤 대부분 교차 채점이 이루어진다. 일반 채점자 두 명의 채점 점수에 기준 이상의 격차가 벌어지면 본부가 개입해 두 사람의 채점을 중지시키고 채점 결과를 검토한다. 채점 역량이 부족하다고 판단되는 일반 채점자는 재교육을 받거나 자격을 박탈당한다.

채점 과정에서 시드 페이퍼에 의해 채점이 안정적으로 이루어지지 않고 있다는 것이 확인되거나 채점자 간의 차이가 크게 나오는 등 채점 과정에 문제가 발생하면 어떻게 될까? 이 문제를 해결하고 방침을 결정하는 채점관이 바로 책임 채점관이다. 책임 채점관은 문제 상황이 발생했을 때 IB 본부의 공식적인 입장을 정하는 역할을 한다. 선임 채점관이나 책임 채점관은 경험이 많은 일반 채점관 중에서 선발되어 활동한다. IB 본부는 상위 채점관의 역량 중 상황 판단 능력과 함께 판단의 근거를 설명하고 이해시킬 수 있는 능력을 중시한다.

수석 채점관은 최종적으로 등급 합격점을 결정한다. 앞서 설명했지만, 하나의 과목에서도 여러 시험이 존재한다. 국어 과목에서 외부 평가는 시험1(2개 문항 각 20점, 총 40점), 시험2(30점)로 나뉘는데, 여기에 에세이 평가와 학교 담당 교사가 평가하는 구술시험이 더해진다. 책임 채점관이 하나의 시험을 담당한다면, 수석 채점관은 모든 항목의 평가가 균질하게 이루어지는지 모니터링하고 나아가 평가 요소를 합산해서 등급 컷을 부여한다. IB는 7등급제로 운영되는데, 예를 들어 2023년에 국어(한국어)는 88점까지 7등급을 부여했다면, 2024년에는 국어를 90점부터 7등급을 주겠다고 결정할 수 있다. IB는 준거 지향 절대평가제 시행이라 해마다 등급 합격점이 조정되는데, 이에 따라 시험의 난이도와 무관하게 학생들의 등급별 역량 기준은 균질성을 유지하게 된다. IB 통계를 보면 매년 각 등급의 비율은 다르지만, 시험을 보는 학생들의 IB 점수 분포 곡선은 유사한 형태를 띠고 있다. 이론적으로는 연도별 학생들의 수준 차이가 있을 수 있지만, 표본이 커지면 실제 차이는 크지 않다는 것을 알 수 있다.

특정 답안지를 직접 채점하는 역할, 특정 시험의 답안지 중 일부를 골라 점수를 부여해 표준화하는 역할, 채점자 간 또는 채점자와 시드 페이퍼 간 격차가 발생할 때 이를 검토

IB 점수 분포 곡선

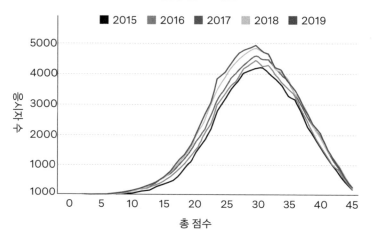

하고 정리하는 역할, 모든 점수를 합산해 등급을 나누는 역할을 각각 나눈다는 것은 채점자가 자의적으로 채점에 영향을 주는 것을 최소화하는 조치이자 채점 전반이 채점관들의 집단 지성에 의해 이루어진다는 것을 의미한다. 권한을 배분하고 서로 견제시키는 것은 그 자체가 시험의 공정성을 지키는 가장 중요한 안전장치라고 할 수 있다. 따라서 채점자는 채점 자격에 자부심을 지니는 동시에 자격 기준에 미달하지 않기 위해 노력해야 한다.

여기서 또 하나의 안전장치가 추가되는데, 바로 재채점 제도다. 아무리 공정성을 기한다고 해도 학생 입장에서는 그 결과에 승복하기 어려울 수 있다. 특히 등급 합격점 바로 앞에 걸리는 학생, 예를 들어 88점까지가 7등급인데 87점을 받아 6등급을 받은 학생의 아쉬움은 클 수밖에 없다. 그래서 학생이 일정 비용을 내고 신청하면 IB 본부는 재채점을 진행한다. 다만 먼저 학교 교과 교사에게 상의해 볼 것을 권유하며, 그럼에도 결과에 이의가 있으면 재채점에 들어간다. 재채점 후 등급이 달라지면 재채점 비용을 환불해 준다.

마지막 추가 안전장치는 재시험이다. 대학 입학을 위한 기준 등급을 맞추지 못한 학생은 재시험을 통해 추가적인 기회를 얻는다. 한국에서는 주로 10월에 첫 시험을 보는데, 성적이 아쉬운 학생들은 5월에 필요한 과목만 재시험을 볼 수 있다. 상대평가가 아니기 때문에 IB에서는 재시험 역시 공정한 기회가 될 수 있다. 대학 입학 전 대학이 요구하는 역량을 충족했느냐가 기준이라면 그 기준을 맞출 기회가 다시 부여되는 것이기 때문이다.

채점자 간 일치도 실험

각국의 대입 전형은 일정이 상이해서 IB의 외부 평가 최종점수 발표 이전에 절차가 진행되는 경우도 많다. 그래서 IB 본부는 학교 자체적으로 모의 평가를 실시하게 하고 과목 담당 교사들이 대학 지원을 위한 예상 점수를 학생들에게 부여하도록 한다. 이 점수를 가지고 학생들이 대학 입학에 지원하면, 대학은 예상 점수를 보고 임시로 합격시킨 뒤에 최종 점수를 보고 대학 입학을 확정하거나(영국, 홍콩 등), 아예 최종 점수는 반영하지 않고 예상 점수에 다른 활동 성과들을 종합해 입학 사정을 완료하기도 한다(미국 등).

이런 까닭에 교사들이 부여하는 예상 점수는 상당히 중요하다. 예상 점수를 낮게 받은 학생은 지원 자격 미달로 원하던 대학에 갈 기회를 잃을 수 있고, 반대로 예상 점수를 높게 받은 학생은 상향 지원했다가 최종 탈락하는 고배를 마실 수 있기 때문이다. 그래서 교사들은 적절한 예상 점수를 부여하기 위해 노력한다. 채점할 때는 먼저 과목 담당 교사가 채점한 뒤 같은 과목 교사들과 함께 의견을 모은다. 그리고 이를 바탕으로 예상 점수를 확정한다. 채점 실력을 향상하기 위해 교사들은 자체적인 훈련도 실시한다.

IB 본부 채점관들에게는 자신이 채점관이라는 사실을 알리지 않는다는 규정이 있다. 채점 업무 수행에 영향을 미칠 수 있어서다. 그래서 〈교실 이데아〉 제작진은 채점자 간의 공정성과 일치도를 확인하기 위해 IB 인증학교인 경북대사대부고와 대구외고 교사 4명이 모의 평가 채점 연습하는 과

모의(Mork) 테스트 결과(40점 만점)

	교사 A	교사 B	교사 C	교사 D
1차	26	29	31	28
2차	32	26	31	29
3차	25	24	25	24
4차	29	29	29	30

정을 촬영했다. 제작진은 교사들이 사전에 답안지를 볼 수 없도록 다른 IB 학교인 포산고와 표선고 학생들에게 IB 국어 시험1의 답안지를 작성하게 했고, 그중 4명의 답안지를 교사들이 채점하도록 했다. 시험1은 두 문항으로 이루어져 있는데, 첫 번째 텍스트는 신문 사설(20점), 두 번째 텍스트는 웹툰(20점)으로, 총 40점 만점이다.

교사들의 모의 채점은 총 네 차례로 이루어졌다. 1차 채점이 끝나면 교사들은 해당 답안지의 점수를 협의한 뒤 최종 점수를 확정했다. 그렇게 4차까지 반복했다. 위의 표를 보면 점수 차이가 점점 줄어들다가 마지막 4차에서는 3명의 점수가 같고 1명의 점수만 1점 차이가 났고, 이를 통해 상당히 높은 일치도가 나왔음을 알 수 있다. 물론 실험 규모가 작아 채점자 간 일치도를 정식으로 구할 수는 없었다. 하지만 적

IB 외부 평가 최종 점수와 모의 채점 점수

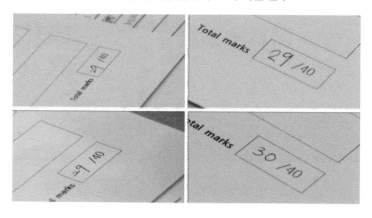

어도 이 정도의 채점 신뢰도를 확보한다면, 객관식 시험을 논서술형으로 전환하는 것을 진지하게 고민해 볼 수 있다는 시사점을 주기에는 충분하다. 참고로 2024년 2월에 졸업한 경북대사대부고 학생들의 IB 외부 평가 최종 점수는 교사들의 모의 채점 점수와 대체로 일치했다고 한다. 채점자 간의 일치도와 채점 신뢰도에 관해 경북대사대부고 교사 배현진은 다음과 같이 말했다.

전에는 논술형 채점이 특히 국어에서는 불가능하다고 생각했어요. 왜냐하면 채점자의 주관이라는 것이 들어가기 때문이죠. 그래서 기존에는 객관적 요소를 많이 넣어서 정량적인 평가를 했는데, 이렇게 논술형 채점 기준을 명확하게 공유하고, 그 기준을 가지고 채점하고, 학생들도 채점자의 평가를 받아들이는 걸 경험해 보니까, 논술형 평가의 가능성을 본 것 같아요. 무엇보다 평가하는 진짜 목적이 학생들의 점수를 매기기보다는 이것을 통해 수업에 다시 피드백을 줄 수 있다는 게 제일 좋은 점인 것 같아요.

누군가는 주관식 도입이 한국에서는 불가능하다고 말할지도 모른다. 0.1점으로도 당락이 결정되는 일이 다반사인 한국 대입 현장에서는 조그만 차이도 무겁게 느껴지기 때문이다. 하지만 조금 더 면밀하게 따져 볼 필요가 있다. 객관식 시험은 기계 채점이기 때문에 채점자 간 점수 차이가 생기지는 않는다. 그렇다고 객관식은 학생의 실력을 평가하는 데 오차가 0퍼센트인 걸까? 객관식 시험은 이른바 '찍기'가 최종 점수에 영향을 미친다. 아무리 어려운 오지선다형 시험에서도 응시자들은 이론적으로 20점은 받는다. 또한 수능에서 운은 단지 모르는 문제를 찍는 데 국한되지 않는다. 타임 어택이 강한 수능에서 수학 시험을 본다면 보기의 몇 번부터 골라 문제에 대입할지 결정하는 것부터가 운의 영향이다. 어려운 문제를 언제 만나는가, 그래서 시험 관리에 어떤 영향을 줄 것인지도 다 운의 영역이다.

　이른바 '물수능'과 '불수능' 논란은 객관식 시험의 불완전성을 드러내는 증거이기도 하다. 시험이 쉽게 나오거나 어렵게 나오는 대로 수험생들의 희비는 매년 엇갈린다. 이는 객관식 시험이 학생들의 실력을 온전하게 평가하지 못한다는 뜻이다. 수능 창시자이자 초대 국가교육평가원장인 박도순은 수능을 가리켜 다음과 같이 말했다.

　여론 조사를 할 때 ±3.5퍼센트 포인트라는 식으로 측정 오차를 꼭 얘기합니다. 그런데 여론 조사보다 측정 오차가 훨씬 큰 것이 시험의 측정 오차입니다. 지능 검사도 보통 몇 년에 걸쳐 만들어요. 문항을 만들어 시행해 보고 결과를 받아 수정하고 보완하는 과정을 1년 내내 거치기 때문이죠. 그런데 우리는 그냥 한번 내고 마니까 그런 과정을 거칠 수 없잖아요. 지능 검사의 경우에도 측정 오차가 보통 ±5~6점은 됩니다. 수능은 제 생각에 최소한 ±10점은 될 거예요. 그게 무슨 뜻이냐면 200점이나 180점이나 실력 차이가 있는지 없는지 모른다는 뜻입니다. 측정 오차 범위 내 들어가는 점수를 가지고 실력 차가 있다고 말할 학자는 아무도 없습니다.

사람들은 객관식 시험이 학생의 능력을 가장 객관적으로 측정할 수 있는, 그래서 더 올바른 시험이라고 오해한다. 평가에서 객관식과 주관식을 구분하는 기준은 채점할 때 채점자의 주관이 개입되느냐 아니냐에 따라 정해진다. 선다형 문제는 정답이 정해져 있어서 채점자의 주관을 반영하지 않는다. 하지만 객관식 시험은 문제를 만들어 가는 과정에서 주관성이 들어간다. 글의 내재적 의미, 함축적 의미 등에 대해 출제자의 관점에서 이해하고 풀게 만들어져 있기 때문이다. 글에 나타난 화자의 심경은 사실 한 단어로 말하기 쉽지 않다. 그럼에도 응시자는 출제자의 생각에 맞춰 정답을 골라야 한다. 교육 통계를 연구하는 연세대학교 교육학과 교수 류지훈은 주관식은 주관성이 겉으로 드러나지만, 객관식은 그 오차가 숨어 있다고 말한다. 어느 시험이든 측정 오차는 생기는 법이다. 오히려 주관식을 정교하게 관리할 때 타당성과 더불어 더 높은 신뢰성을 확보할 수 있다.

주관식 시험이라고 하면 신뢰도가 낮을 것으로 생각하는데 꼭 그렇지 않습니다. 조건과 환경만 잘 갖추면, 주관식도 높은 신뢰성을 보일 수 있습니다. 루브릭이 명확해서 누가 보더라도 그 기준에 따라서 채점할 수 있다면, 그리고 평가를 하는 사람이 전문성을 갖추고 있다면 주관식 채점을 하더라도 신뢰도를 높일 수 있습니다. IB 채점 과정을 보면 교사들이 루브릭에 맞춰서 채점하고 또 서로 의견을 나누는 것을 반복하면 그 일치도가 점점 높아지는 상황이 전개됩니다. 서술형 평가가 충분히 가능하게 되는 구조라고 말씀드릴 수 있습니다.

내부 평가

외부 평가는 정해진 시간에 함께 모여 한정된 시간 동안 치르기 때문에 시험 형식이 제한될 수밖에 없다. 그래서 IB는 학교 안에서 치르는 내부 평가를 다양하게 구성해서 진행한다. 내부 평가로는 보고서 작성, 구술 평가 등이 진행되는데, IB는 공정한 채점을 위해 교사들에게 내부 평가에 대한 가이드를 분명히 제시한다. 예를 들어 국어에서 구술시험을 보려면 시험 절차를 철저하게 준수해야 하며, 시험을 보는 전 과정은 녹음해서 기록으로 남긴다. 실제 학생들에게 구술 평가에 대한 생각을 물어보면 만족도가 높다. 이는 시험 형태와 절차, 결과를 모두 신뢰하고 있다는 증거다.

교사는 정해진 루브릭에 맞춰 학생들을 평가한다. 구술 평가의 경우, 현장에서 쉽게 휘발될 수밖에 없는 '말'을 가지고 채점한다는 점에서 불안정해 보일 수 있지만, 교사들은 녹음해 둔 음성 파일을 여러 차례 듣고 또 문서로 변환해서 꼼꼼하게 읽고 채점한다. IB는 교사 한 명이 채점한 결과에 대해 동료 교사들의 피드백을 충분히 받게 한다. 그래서 과목별로 교사 협의회가 활발하게 열린다. 국어의 구술 평가는 여러 모의 평가를 거친 후 고3 때 이루어지는 실전 평가를 통해 점수가 확정된다. 그러면 해당 학년과 타 학년을 맡고 있는 교사 여러 명이 모여 담당 교사의 평가가 얼마나 적절하게 측정되었는지 피드백을 제공한다.

교사들에게는 이 절차가 채점 안정성에 큰 도움을 준다. 기준을 제대로 이해하지 못했거나 평가 과정에서 실수하는 상황을 먼저 점검받음으로써 심리적 불안에서 벗어날 수 있다. 또한 다른 교사들에게 자신의 채점을 설명하는 과정은 높은 객관성을 강제한다. 편견이 개입되거나 일관성 없는 판단을 하면 교사의 전문성을 의심받기 때문이다. 협의회 내에서 공개적으로 이루어지는 이 절차는 교사 1인의 자의적 판단을 제어하는 데 효과적인 도구가 된다. 다른 교사들의 다양한 생각을 들어 보며 가이드에 대한 깊은 이해를 높이는 것도 장기적으로 긍정적인 작용을 한다. 구술 평가 외에 보고서 작성 등의 다양한 평가가 모두 이와 같은 방식으로 진행된다.

일반 학교에서 교사 협의회는 잘 이루어지지 않는다. 동일 교과, 동일 진도, 동일 시험으로 이루어지는 체계가 강제되면 그 안에서는 큰 이견 없이 수업과 평가가 정해진 대로 이루어진다. 그러나 IB는 교사의 자율성을 강조하고 수업 조건을 강제하지 않기 때문에 수업 주제나 작품 선정에 교사의 재량이 폭넓게 허용된다. 그런데도 IB 교사들은 수업과 평가의 품질을 끌어올리기 위해 교사 협의회를 더 충실히 열고 치열하게 논의한다.

협의회를 마치면 담당 교사는 학생들의 점수를 정리해서 IB 채점 센터에 보낸다. IB 본부는 각 학교가 보낸 내부 평가 답안지의 일부 또는 전부를 샘플링해서 채점 결과를 검토한다. 채점이 부풀려져 있다고 판단되면 해당 교사 또는 해당 학교의 점수 전체를 하향 조정하고, 반대로 채점이 낮게 평가되었다고 판단되면 일괄 상향 조정한다. 만약 IB 본부가 학교의 평가가 부실하다고 판단한다면, 최종적으로 IB 월드 스쿨 인증을 취소하기도 한다. 이런 시스템은 교사에게 상당한 긴장감을 주기 때문에 교사들은 더 공정하고 체계적으로 채점하기 위해 노력한다.

IB 본부가 내부 평가(내신) 성적으로 모니터링하는 방식은 국가, 지역, 학교 간의 성적 표준화를 가능하게 한다. 따

IB 내부 평가 점수 도출 과정

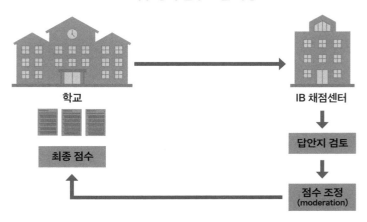

라서 어느 나라의 학교에서 내부 평가가 이루어지더라도 동일한 기준에 맞춰 평가가 이루어질 수 있도록 질적 관리를 위한 명확한 시스템을 가지고 있다. 원래 내부 평가는 평가 균질성이 떨어질 수밖에 없다. 그래서 어느 학교는 점수를 후하게 주고, 어느 학교는 점수를 짜게 준다. 대입 시험이 존재하는 이유는 내신이 교육적 가치가 있음에도 이처럼 균질성이 떨어지므로 이를 보완할 도구가 필요했기 때문이다. 하지만 IB는 내부 평가에서도 성적이 균질할 수 있도록 관리한다. 학교나 교사의 재량을 제한하더라도 적절한 성적 균질성을 확보하는 방향으로 발전해 온 것이다. 이 부분이 한국 교육에 특별한 시사점을 준다.

IB 교사들은 내부 평가에서 학생과 학부모의 민원에 시달리지 않아도 된다. "우리는 시스템으로부터 보호받고 있다"는 말은 IB 학교의 많은 교사가 이구동성으로 하는 말이다. 지금의 교육 현실에서는 교사가 모든 민원을 소화해 내야 한다. 당장 내신에 논서술형 시험 도입을 확대한다는 2028년 대입 개편안만 보더라도, 학생들은 체계 없는 평가를 우려하고 교사들은 높은 기대치를 충족시켜야 한다는 부담을 느끼고 있다. 교사 개인이 논서술형 시험을 개인의 힘으로 치르고 온전하게 민원을 감당하는 건 사실상 불가능한 일이다. 채점 결과에 대한 공정성을 교사 각자가 확보한다는 건 개인마다 하나의 완벽한 평가 시스템을 구축하라는 뜻이기 때문이다.

경기외고는 IB 프로그램을 국내 공교육에 처음 도입해 15년째 운영하고 있다. 이는 해당 학교가 오랜 기간 IB의 내부 평가 시스템을 통해 학생과 학부모의 민원을 해결해 온 경험이 있다는 뜻이다. 경기외고는 최상위권 학생들이 입학하는 명문 외국어고등학교다. 학생들의 공부 열기가 뜨겁고 그만큼 성적에 대해서도 민감하다. 그 학교에서 IB 평가가 안착했다는 것은 시사하는 바가 크다. 한국 어느 학교에서든 평가 혁신과 안정화가 가능하다는 뜻이기 때문이다.

처음에는 '내 아이가 이렇게 잘했는데 왜 점수가 이렇냐, 청와대에 민원을 넣겠다, IB 본부에 편지를 쓰겠다' 등 학부모와 학생의 민원이 많았습니다. 그런데 학생이 어떻게 발전했는지, 어떻게 성적이 떨어졌는지, 학생에 대한 데이터를 축적하고 그때마다 피드백을 주면서 그런 민원은 거의 없어졌습니다.

경기외고 DP 코디네이터 이애자의 말이다. 준거 지향 절대평가가 내신에 적용되면 학교 간 수준 차이가 투명하게 드러날 것이다. 특목고나 명문고 쏠림 현상도 일어날 것이다. 하지만 형평성을 고려하여 대입 제도를 사회적 합의에 따라 조정할 수 있다. 기회 균형, 지역 균형 선발 등을 폭넓게 반영하고 대학은 지원자의 잠재력을 다각적으로 확인하는 것이다. 지금의 상대평가는 비례성과 형평성의 문제를 '눈 가리고 아웅'하는 식으로 적용하고 있다. 준거 지향 절대평가 아래에서 명확한 결과를 바탕으로 제도적 방편을 제대로 만들어 지금 이상의 균등 선발 효과를 기대하는 것이 합리적인 개선 방향이다.

IB DP 주요 과목의 커리큘럼

과목별 수업이 어떻게 진행되고, 수능과 비교해 IB 시험이 무엇이 다른지 살펴보자. IB 교실에서는 일반 학교 교실과 180도 다른 수업이 이루어지고 있다. 같은 축구 선수들이라 해도 어떤 전술을 사용하느냐에 따라 완전히 다른 경기력을 보여 줄 수 있듯이, 이처럼 전혀 다른 수업이 학생의 성장을 크게 돕는다. 새로운 수업이 가능한 이유를 과목별로 하나씩 확인해 보자.

언어A 모국어: 언어와 문학

모국어 수업은 '문학'과 '언어와 문학' 수업이 있는데, 한국어 DP에서는 '언어와 문학'만이 개설되어 있다. 이 과목의 특징은 문학과 더불어 비문학 텍스트도 공부한다는 점으로 한국의 국어 교과와 유사하다. 문학 작품은 스탠더드 레벨은 4편, 하이 레벨은 6편 다루어야 하는데, 발췌문이 아닌 전문을 소화해야 한다.

다큐멘터리 촬영 당시 대구 포산고에서는 콜슨 화이트헤드의 『언더그라운드 레일로드』를, 제주 표선고에서는 함민복 시인의 시집을 공부하고 있었다. 학생들은 역할을 나누어 소설의 한 부분을 맡거나 시집에서 한 작품을 골라 발표를 준비했다. 인상적이었던 것은 다른 누군가가 해석한 내용을 정리하는 식이 아니라 자신들이 독자적으로 이해하고 분석해서 설명하는 것을 더 중시한다는 점이었다. 학생들의 발표 뒤에는 해당 부분에 대한 장시간의 토론이 이어졌다. 수업은 포산고의 경우 『언더그라운드 레일로드』만으로도 20시간 진행되었고, 마치는 데는 한 달이 소요되었다. IB 포산고 국어 수업을 맡고 있는 교사 김주연의 말이다.

제 역할은 사실 학생들에게 질문을 던지는 것입니다. 그 질문이 학생들의 사고를 자극하면 학생들이 조금 더 긍정적이고 열정적으로 과제에 뛰어드는 것 같습니다. 그래서 저는 학생들에게 줄 질문을 계속 생각합니다. 사실 질문을 준비하는 건 쉬운일이 아닙니다. 하지만 제가 진짜 국어 교사이고 학생들의 실력을 정말로 향상시키는 데 기여하고 있다는 생각이 들어 만족감을 느낍니다. 학생들이 반짝이는 의견들, 제가 생각해 보지못한 의견들, 때론 저를 뛰어넘는 발상들을 이야기했을 때 만족감이 가장 큰 것 같습니다.

이처럼 IB 교사들은 학생들에게 특정한 방향으로 생각하도록 유도하거나 정답을 이야기해 주는 식으로 수업을 전개하지 않도록 최선을 다한다. 교사는 스스로 아는 것을 넘어 학생들에게 계속해서 생각할 거리를 주면서 수업을 이어가야 하므로 높은 수준의 수업 진행 능력을 갖추고 있어야 한다.

학생들은 작품을 꼼꼼히 읽고 또 한 부분씩 미리 준비해서 발표한다. 수업에서 다루는 작품의 수준은 상당히 높다. 작가의 생각을 파악하고 설명하기가 간단하지 않은 작품이거나 다양한 은유가 담겨 있어 해석이 다양한 작품들이다.

수업에서 토론하는 과정도 강행군으로 느껴진다. IB는 블록으로 수업이 편성되어 있어 2~3시간 동안 같은 과목을 이어서 하는 경우가 많다. 대개는 교사와 학생들의 긴 토론이 이어진다. 토론 수업이라고 하면 잡담을 나눈다는 식으로 생각하기 쉽다. 하지만 수업을 지켜보면 왜 명문 대학에서 수업이 토론으로 이루어지는지를 알 수 있다.

학생들은 작품을 하나씩 소화하면서 언어 활용 능력을 키운다. 상위권이든 하위권이든 각자 자신의 실력이 조금씩 나아진다. 일반 학교에서는 입학할 때 5등급이면 졸업할 때도 5등급이기 쉽다. 함께 경쟁하니 추월하기 어려운 점도 있고, 뒤처진 학생은 수업을 따라갈 수 없어 강제적으로 낙오

되는 면도 있다. 하지만 IB 수업에서 낙오는 없었다.

교사들은 다양한 구성을 통해 학생들이 문학 작품과의 접점을 최대한 넓힐 수 있도록 이끈다. 지은이나 주인공의 성별, 배경 지역과 시대 등을 고려하며 원문과 번역문도 다양하게 접하게 한다. 예를 들어 포산고는 3년 동안 국어 시간에 『남한산성』(김훈), 『백석 시집』(백석), 『달밤』(이태준), 『소설가 구보씨의 일일』(박태원), 『윤동주 시집』(윤동주), 『유년의 뜰』(오정희), 『박씨전』(작자 미상), 『언더그라운드 레일로드』(콜슨 화이트헤드), 『갈매기』(안톤 체홉), 『미키7』(에드워드 애슈턴)을 읽었다.

일반 학교에서는 여러 작품의 기본 정보만 파악하고 발췌문을 읽어 남이 정리한 내용을 빨리 이해하고 넘어가는 식으로 공부한다. 많은 작품을 주파할수록 성적은 오르기 쉽다. 하지만 낯선 지문이 나오면 그 지문을 자신의 능력으로 이해하는 실력은 길러지지 않는다. 하나의 작품을 꼼꼼히 읽고 토론하면 글을 읽고 해석하는 수준이 높아져 다른 작품을 만나도 겁내지 않는다. IB는 전이 능력을 중요하게 생각한다. 하나를 배워 그것을 두루 활용할 수 있는 능력이 진짜 능력이라는 것이다. 인지과학자 장동선은 이런 전이 능력이 앞으로의 사회에서 더욱 중요해진다고 강조한다.

하나의 기술이 다른 기술로 옮겨질 수 있는 기술을 전이 가능한 기술(transferable skill)이라고 해요. 예를 들어서 그림 그리는 사람이 배운 기술 중에 구도를 잡고 관찰하고 어떠한 사물을 봤을 때 그 안에서 새롭게 나만의 시각으로 표현할 수 있는 능력은 서양화건 동양화건 미디어 아트건 계속해서 활용할 수 있는 기술이에요. 이 기술이 점점 더 중요해지는 이유는 기술이 계속 바뀌고 세상이 요구하는 것들이 바뀌면서 다양한 일을 하면서 먹고 살아야 하기 때문입니다. 그러면 내가 한 영역에서 습득했던 지식을 얼마나 빨리 다른 영역에 활용할 수 있을 것인지가 인간에게 더 중요해질 수 있습니다.

국어 수업에서 배운 언어 구사 능력은 소논문을 비롯해 영어나 역사 에세이 같은 다른 과목에도 활용된다. 나아가 작문 실력이 바탕이 되면 보고서 작성 등이 수월해지기 때문에 IB가 요구하는 여러 과제를 해결할 수 있다.

국어 수업에서는 비문학 텍스트도 다룬다. 소재는 광고, 영화 및 방송물, 사진, 블로그, 인포그래픽, 편지, 잡지, 선언문이나 연설문 등 다양하다. 교사는 그 안에서 적절한 작품을 선정하는데, 한 예로 포산고 국어 수업에서는 학생들이 한 언론사의 신문 사설을 골라 깊이 분석하게 했다. 이 과정

국어 하이 레벨 시험 구성

	시험 종류	가중치	평가 항목
외부 평가	시험1 (40점)	35퍼센트	**비문학 텍스트 분석 (2시간 15분)** 두 개의 비문학 텍스트에 대해 각각의 분석 글 작성
	시험2 (30점)	25퍼센트	**비교 에세이 (1시간 45분)** 수업 시간에 공부한 두 편의 문학 작품을 중심으로 주어진 질문에 대한 비교 에세이 작성 (질문은 4개 주어지며 그중 1개를 선택해 작성)
	HL 에세이 (20점)	20퍼센트	수업 시간에 다룬 문학, 비문학 작품에 대해 1,200~1,500 단어로 에세이를 작성하여 제출 (외부 평가라고 해서 꼭 시험장에 가서 짧은 시간 시험을 본다는 의미는 아니다. 외부와 내부 평가의 구분 기준은 채점자가 외부 채점관인지 담당 교사인지에 따라 나뉜다.)
내부 평가	구술 평가 (40점)	20퍼센트	수업 시간에 공부한 문학과 비문학 작품을 분석하여 학생이 선택한 글로벌 이슈가 이들 작품에서 어떻게 제시되는지 학생이 10분간 발표하며 이어서 교사가 5분간 질문 진행

※ 에세이의 단어 기준은 어절로 준용하고 있음

에서 중요한 것은 텍스트의 정보를 충실히 숙지하는 것이 아니라 텍스트가 말하고자 하는 의도와 맥락을 파악하고 배경을 조사해 이를 해석하고 비평하는 것이다. 중요한 것은 텍스트를 읽는 수용자의 입장이다. 이런 수업을 통해 학생들은 쏟아지는 메시지 속에서 의미를 이해하고 비판적 입장을 지키면서 쉽게 휘둘리지 않는 사람으로 성장하게 된다. 이 경험은 자연스럽게 T.O.K 수업과 연결된다. 지식을 해석하고 수용하는 방법을 배운다는 점에서 두 과목은 시너지를 만든다.

국어 하이 레벨의 외부 평가와 내부 평가는 아래와 같이 구성되어 있다(스탠더드 레벨은 에세이가 없다). 시험1은 비문학 텍스트 활용 능력을, 시험2는 문학 텍스트 활용 능력을 본다. 시험1은 제시되는 낯선 지문을 해석하고 평가하는 유형의 시험이고, 시험2는 문학 텍스트를 시험 문제에 맞게 해석하고 설명하는 시험이다. 에세이는 평소 수업 시간에 공부하고 발표한 작품에 대해 심도 있게 해석한 결과를 평가한다. 한편 내부 평가는 구술 평가로 이루어진다. 말하기는 외부 평가에서 진행하기 어려운 데다 교사처럼 친숙한 사람과 이야기를 나누는 경우에 더 잘 구사할 수 있기 때문에 내신으로 진행한다. 국어 수업에서 듣기 평가는 따로 진행되지 않는다. 구술 평가에서 교사의 질의를 듣고 답하는 과정에서 반영된다고 볼 수 있다.

국어 시험2

- 모든 문학 작품은 인간의 가치에 대해 암묵적으로 가르친다. 공부한 작품 중에 적어도 두 작품을 참조하여 이것의 타당성에 대해 논하시오.

- 권위에 대한 저항은 다양한 형태를 띤다. 공부한 작품 중 적어도 두 작품을 참조하여 문학이 권위에 어떻게 저항하는지 논하시오.

- 문체는 주제와 긴밀한 연관성을 가진다. 공부했던 두 작품 이상의 장편소설을 토대로 문체가 주제를 드러내는 데 어떠한 역할을 하고, 독자에게 미치는 효과는 어떠한지 비교와 대조를 통해서 논하시오.

- 공부했던 최소한 두 작가의 중단편 소설을 예로 들어, 계절적 배경이 가지는 효과에 대해서 비교와 대조를 통해서 논하시오.

- 전제와 가정이 독자를 설득하는 데 얼마나 효과적으로 사용되었는지 공부했던 수필 중 최소한 두 작가의 작품을 예로 들어 비교와 대조를 통해 논하시오.

- 공부했던 두 작품 이상의 희곡에서 배우가 홀로 관객에게 하는 대화의 일종인 독백과 방백의 효과에 대해서 비교와 대조를 통해서 논하시오.

언어B 외국어: 영어B

IB의 영어 수업은 말하기, 듣기, 읽기, 쓰기 각 기능의 균형 있는 성장을 지향한다. 경북대사대부고의 IB 영어 수업은 교사가 원어민 교사와 함께 영어로 수업을 진행한다. 일주일에 5시간 수업이 이루어지는데, 모두 원어민 교사가 참여해 수업을 보조한다. 수업 자체가 영어로 진행되기 때문에 듣기와 말하기 훈련이 자연스럽게 이루어지며, 듣기는 별도 오디오 파일을 청취하고 이해하는 훈련도 함께한다. 말하기 수업은 주어진 짧은 텍스트를 읽고 요약해서 말하고, 교사의 질문을 듣고 그에 맞춰 대답하는 연습을 한다.

읽기 수업에서 주어진 자료를 독해하는 것은 일반 수업과 같지만, 낯선 지문을 읽는 능력을 기르는 것을 핵심으로 한다는 점에서는 차별성이 있다. 수학과 과학은 교과에서 배운 내용 자체가 핵심 지식으로 쓰이기 때문에 내용 교과로 불린다. 하지만 영어와 같은 언어 수업은 교과에서 배운 지식 자체보다는 그것을 기초로 활용하는 능력을 중시하는 기능 교과로 불린다. 경북대사대부고의 IB 영어 교사 장밝은은 언어 수업에서는 주어진 텍스트를 곱씹는 것보다는 새로운 경험에 계속 노출되어 확장성을 가지는 것이 중요하다고 말한다. IB 읽기 자료는 주로 전문 서적의 일부로 구성된 수능 지문과 달리 기사, 광고, 대본, 영상 등 다양한 텍스트로 이루어져 있다. 수능에서도 전문 영역 외에 다양한 텍스트들이 나오지만, 대체로 쉽게 출제돼서 현실을 반영하지 못한다는 비판을 받는다.

IB 영어 수업에서는 쓰기도 큰 비중을 차지한다. 에세이, 이메일, 기사와 사설, 제안서, 블로그, 팸플릿 등 12개 이상의 텍스트 유형에 맞춰 글을 쓰는 법을 배우게 한다. 글의 종류에 따라 어떻게 구성해서 써야 하는지, 또 텍스트마다 어떻게 격식을 갖춰야 하는지도 배운다. 현실에서는 다양한 쓰기 상황을 요구하는데, 그것을 능숙하게 처리할 수 있다면 그 자체로도 중요한 언어 능력이라 할 수 있다.

영어 평가에서 좋은 점수를 받기 위해서는 실제 영어 구사 능력이 뛰어나야 하는데, 언어의 네 가지 기능(말하기, 듣기, 읽기, 쓰기)을 종합적으로 기르면 성장 속도도 빨라진다. 특히 배운 것을 실제 활용하는 경험은 배움의 효능감을 준다는 큰 장점이 있다.

영어 하이 레벨 시험 구성

	시험 종류	가중치	평가 항목
외부 평가	시험1 (30점)	25퍼센트	**작문 (90분)** 제시된 각기 다른 3가지 주제 중에 하나를 골라 450~600 단어로 이루어진 글 한 편을 작문
	시험2 (25+40점)	50퍼센트	**듣기 시험:** 음성 담화를 3개 듣고 물음에 대답 (60분) **읽기 시험:** 지문 3개를 읽고 물음에 대답 (60분)
내부 평가	구술 평가 (30점)	25퍼센트	수업 중 다루었던 작품 2개에서 발췌한 글 (300 단어 길이) 2개 중 하나를 골라 15분간 교사와 인터뷰 (15분) - 프레젠테이션: 3~4분간 발췌문을 요약하고 관련하여 자기 생각을 발표 - 추가 토의: 4~5분간 교사와 발췌문에 대해 토의 - 일반 토의: 5~6분간 교사와 작품 이외의 과목 주제와 관련하여 토의

IB 영어 수업에서는 각 영역을 고루 진행할 뿐 아니라 평가에서도 그 과정을 그대로 확인한다.

예시

영어 시험1

- 아래 각 문제가 나오면 잡지 / 제안서 / 팸플릿 / 블로그 / 이메

일 등 3개의 텍스트 유형이 제시되며 작성자는 3개 중 하나를 골라 써야 한다.

- 당신은 주인공들이 서로 언어가 통하지 않는데 함께 협력해서 일하는 영화를 보았다. 각 캐릭터가 서로 어떻게 소통하는지 기술하고 언어를 공유하는 것이 얼마나 필요한 것인지 고찰하는 내용을 (교내 잡지 기고문의 형식으로) 영작하시오.

- 다른 전통들을 기념하기 위해 당신의 시 의회는 전통 복장을 하고 참여하는 파티를 개최한다. 당신의 친구들에게 당신이 어떤 의상을 선택했고, 왜 그것을 선택했는지 기술하는 내용을 (이메일 형식으로) 영작하시오.

- 당신의 학교 이사회는 오락을 통한 학습을 강조하는 대안적 교육 프로그램을 도입하려고 계획하고 있으며, 학생들의 제안을 새로운 프로그램에 반영하기를 원한다. 새로운 프로그램에 대한 당신의 제안을 진술하고 어떠한 이점이 있는지 설명하는 내용을 (제안서 형식으로) 영작하시오.

- 학생들의 SNS 사용의 장단점을 이해할 수 있도록 SNS 사용 가이드라인을 (교재 잡지 기고문 형식으로) 영작하시오.

- 최근 당신은 21세기에는 자연과학이 사회, 화학만큼의 이로움을 주지 않는다고 주장하는 기사를 읽었다. 그 주장에 대해 논하고 당신의 의견과 근거를 제시하는 글을 (블로그 형식으로) 영작하시오.

시험1은 쓰기 시험이다. 여러 상황을 주고 그에 맞는 텍스트 유형에 맞춰 글을 써야 한다. 만약 '친구가 낮은 성적에 상심해 밤낮없이 공부하는데 병이 날지 걱정이다. 친구에게 걱정하는 이유와 함께 지혜롭게 대처하도록 제안하는 글을 영작하시오'라는 문제에 텍스트 유형을 잡지로 선택하면 그 자체로 감점을 당한다. 잡지, 제안서, 팸플릿, 블로그 등의 텍스트 유형은 모두 수업 시간에 집중적으로 배운 형식들로, 수업을 잘 따라가고 평소 수업 과제를 성실히 수행하면 잘 치를 수 있다.

시험2는 듣기와 읽기 시험으로 듣기는 수능보다 훨씬 더 어렵다. 수능은 화자의 말하는 속도가 느리거나 억양이 인위적이라 실제 언어 사용 현실을 반영하지 못한다는 비판을 받는다. 그래서 자신의 듣기 실력에 문제가 없다고 착각하기 쉽다. IB는 실제 사용 환경과 유사하게 출제되므로 수능보다 난도가 높은 편이다. 또한 IB는 듣기와 읽기 지문 모두 길이가 상당히 길고 완결된 글인 데다 해당 지문에서 복수의 문제가 나온다. 읽기의 경우에는 서적 위주의 텍스트뿐만 아니라 실생활에서 접하는 다양한 글을 제공하며 고등학생의 발달 단계와 배경지식에서 벗어나지 않도록 출제된다. 그래서 읽기 지문은 수능 대비 난도가 높지 않고 시간 압박도 적다.

영어 구술 평가는 수업 시간에 배운 텍스트 일부를 발췌해 읽게 한 후 그 내용을 요약해서 말하게 한다. 교사가 내용과 관련된 질문이나 생각해 봐야 할 것에 대해 질문하면, 학생은 영어로 대답해야 한다. 시간은 15분 진행되는데, 토플 시험 때처럼 '만담형' 말하기 평가로 생각하면 안 된다. 다큐멘터리 촬영 당시 경북대사대부고 학생들은 수업에서 배운 『동물농장』(조지 오웰)과 『정의란 무엇인가』(마이클 샌델)를 주제로 구술 평가를 진행했다. 『정의란 무엇인가』와 같은 철학책에 대해 교사의 질문에 답하고 토론하는 것은 높은 수준의 영어 실력을 요구한다.

  이쯤에서 의문이 생긴다. 학생들이 과연 수업을 따라갈 수 있을까? IB 수업을 들으려면 선행 공부를 해야 하는 건 아닐까? 교사 장밝은은 정상적인 학습과 이에 맞는 평가가 이루어질 때 학생들의 성장 속도는 기대 이상이라고 말한다. 학습은 수업만으로 이루어지지 않는다. 그만큼 노력이 필요하다. 하지만 체계적인 수업 및 평가와 더불어 개인 과제를 충실히 따라가면 기대 이상의 성과를 낼 수 있다. 장밝은이 처음 IB 수업을 시작했을 때만 해도 학생들이 IB의 최종 평가에서 7점 중 3점을 넘길 수 있을지 걱정이 앞섰다고 한다. 왜냐하면 평범한 학생들이 모인 일반 공립학교였기 때문이다. 그런데 불과 한 학기가 지나서는 '가능하겠다'는 생각이 들었고, 1년이 지나서는 학생들의 성장에 확신이 들었다고 한다.

하위권 학생이라도 1학기가 지나면 낮은 수준일지라도 완결된 글을 쓸 수 있다. 2024년에 IB 1기로 졸업한 학생 박하온은 IB 최종 점수 42점을 받고, IELTS International English Language Testing System(영어가 모국어가 아닌 사람의 영어 능력을 측정하는 국제공인시험으로 영연방 국가로 가는 유학생, 이민자에게 요구하며 9점 만점)에서 7.5점을 받아 토론토대학에 4년 장학금을 받고 입학했다. 박하온은 영어를 잘하는 학생이 아니었다. 유학 경험도 없고 학원에서 따로 영어를 배우지도 않았다. 그저 국내 대학을 목표로 삼고 학교 공부만 열심히 한 평범한 학생이 이룬 놀라운 성과다.

영어로 수업을 진행하려면 교사도 부담이 될 수밖에 없다. 학생들 앞에서 실수할까 봐, 실력이 부족해 보일까 봐 걱정이 앞설 수 있다. 교사의 걱정과 불안에 관해 문자, 교사 장밝은은 생각을 달리하면 어려운 일이 아니라고 말한다.

수업은 원어민 교사가 보조하기 때문에 수업 진행에 부담을 줄일 수 있습니다. 하지만 교사가 번역기 역할을 해서는 안 됩니다. 똑같이 영어로 수업해야 하고요. 부담이 될 수 있지만, 오히려 완벽하지 않은 영어를 구사해 나가는 모습 자체가 학생들에게 모범이 된다고 생각합니다.

'모범'의 의미에 대해 다시 생각하게 하는 말이다. 걱정의 배경에는 잘해야 한다, 실수하지 말아야 한다, 못하면 입을 열지 말아야 한다는 식의 강박이 있다. 국어 교사도 어법에 맞지 않게 말하기도 하고 수학 교사도 칠판 앞에서 계산하다 실수할 수 있다. 실수하지 않는 게 능력이라는 세계관에 갇히면 더는 전진하기 어렵다. 우리의 걱정은 그런 잘못된 세계관 안에서 살아왔기 때문에 생긴 것이다.

수학: 분석과 접근

수학 영역에는 '분석과 접근', '응용과 해석' 과목이 있는데, IB 한국어 DP는 '분석과 접근'을 개설했다. '응용과 해석'이 수학을 공학적으로 활용하는 데 방점이 있다면, '분석과 접근'은 수학적 문제 해결과 실생활 활용에 방점을 두고 있다. 수학 하이 레벨은 수학에 자신이 있는 학생들이 선택하는 심화 과정이다. 그런 만큼 난도 높은 과정을 감당해야 한다. 반면 스탠더드 레벨은 상대적으로 수학에 어려움을 느끼는 학생들이 선택하는 기본 과정이다. 여기서 밝히건대,

사실 〈교실 이데아〉에서 가장 많은 공을 들인 것이 수학 수업 촬영이었다. 국가 경쟁력을 위해 수학을 강화해야 한다는 목소리, 입시 당락에 영향을 미치는 과목으로서의 관심, 반면 수포자를 양산하는 이유 등 모든 예민한 시선을 염두에 두고 수업을 바라보고자 했다.

경북대사대부고 수학 하이 레벨 과정을 처음 찾아갔을 때 수업은 도서관에서 진행되고 있었다. 문제 풀이 중심인 일반 수학 수업과 비교하면 도서관이라는 장소 자체가 상당히 다른 풍경을 만들었다. 미분을 공부하는 학생들은 먼저 무한, 미분, 적분, 적분의 활용이라는 주제에 따라 네 모둠으로 나눈 뒤 도서관에서 발표 준비를 위해 책을 살펴보기 시작했다. 학생들이 찾는 책들은 참고서가 아닌 이론서였다. 책을 읽고 서로 묻고 답하기 시작하더니 이내 도서관은 왁자지껄한 토론하는 공간으로 바뀌었다.

다음 수업에서는 발표가 진행되었다. 학생들은 네 개의 각 모둠 안에서 A와 B 그룹을 나누었다. 각 모둠의 A 그룹은 다른 모둠으로 가서 설명을 듣고, B 그룹은 다른 모둠에서 온 A 그룹에 자신들이 준비한 것을 발표했다. 그리고 A 그룹이 자기 모둠으로 돌아오면 1라운드가 끝난다. 이어서 2라운드가 바로 시작되는데, 이때는 각 모둠이 다른 모둠으

발표 진행

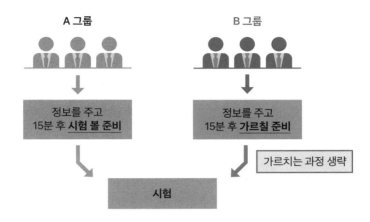

로 함께 옮겨 다닌다. 다른 모둠의 설명을 들었던 A 그룹이 같은 모둠의 B 그룹에 새롭게 배운 내용을 설명해 주는 것이다. 이렇게 진행하는 이유는 A와 B 그룹이 말하고 듣는 모든 역할을 빠짐없이 해보는 장점이 있기 때문이다.

발표는 활발하게 진행되었다. 모두가 잘 설명하려고 애썼고 듣는 사람들은 잘 이해하려고 애썼다. 발표자는 이론을 쉽게 설명하기 위해 그림이나 도표 같은 예시를 만들고, 질문에 대비한 자료를 만들었다. 발표는 모둠의 한 사람이 단상에 올라 발표하는 식이 아니라 다른 모둠 바로 앞에서 진행되었다. 학생 모두가 자신들이 발견한 이론을 가르쳐 주기 위해, 또 배우기 위해 최선을 다했다.

쓰기 시험 답변 비율

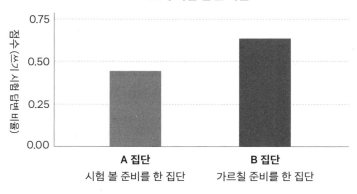

A 집단
시험 볼 준비를 한 집단

B 집단
가르칠 준비를 한 집단

컬럼비아대학에서 심리학을 가르치는 리사 손은 타인을 가르치는 과정이 발표하는 자기 자신에게도 큰 도움이 된다며 한 실험을 소개했다. 피실험자를 두 집단으로 나눈 뒤 A 집단에는 15분 뒤 시험을 볼 것이니 해당 정보를 공부하라고 지시하고, B 집단에는 15분 뒤 다른 사람들에게 해당 정보를 가르치라고 지시한다. 그리고 15분 뒤, A와 B 집단 모두 시험을 보게 했는데, 가르칠 준비를 했던 B 집단이 시험을 훨씬 잘 봤다. 이에 대해 리사 손은 이렇게 설명했다.

가르치는 행위가 꼭 필요한 것은 아니에요. 가르치려는 준비만 해도 결과는 달라집니다. B 그룹은 가르칠 준비를 하면서 모르는 학생의 관점을 생각해요. 이렇게 말하면 학생이 이해할까?

어떤 질문을 할까? 그렇게 계속 고민하면서 다르게 설명할 방법을 찾는 겁니다. 그래서 저는 학습이 개인 활동이 아닌 사회적 활동이라고 생각합니다.

타인을 가르치는 행위는 내가 무엇을 아는지 모르는지를 확인하는 과정이고, 타인이 어떻게 이해할지를 입체적으로 고민한다는 점에서 메타인지 능력을 활성화하는 작업이다.

실제 IB 수학 하이 레벨 과목은 일반 교육과정보다 더 많은 범위(회귀분석, 역삼각함수 등)를 다루고 있다. 그런데 학생들이 이렇게 이론을 알아보고 토론하며 그 많은 분량을 감당할 수 있을까? 경북대사대부고 수학 교사 나요섭에 따르면, IB 수업은 문제 풀이 시간이 적고 그 시간을 조사하고 추론하는 등의 탐구 활동에 할애한다. IB 교육하면 토론 수업만 생각하기 쉽지만, 실제 수업을 보면 상당히 많은 시간이 이론 학습 과정을 포함한다. 이 과정에서 학생들은 각자 정리한 이론을 자신만의 방식으로 표현하고, 자신에게 관심이 가는 이슈를 깊이 있게 탐구한다. 일반 학교와 IB 학교 모두 수학 시간은 결코 적지 않다. 그 시간을 어떻게 활용할 것인가에 따라 수학적 역량의 차이가 생기는 것이다.

대구 포산고의 수학 스탠더드 레벨 수업에는 수학에 자신

없는 학생들이 모여 있었다. 한 번쯤은 수학 울렁증을 경험했고, 빨리 문제를 풀어야 하는 압박감에 스트레스를 받은 학생들이 대부분이었다. 흔히 말하는 수포자도 적지 않았다. 그러나 수업을 듣는 학생들의 표정은 수포자의 것이 아니었다. 그들의 표정은 밝고 의욕적이었다.

수업은 지수 로그 함수를 배우고 그것을 망각 곡선에 적용해 직접 공식을 도출해 보는 내용으로 진행되었다. 실생활과 연계해 실제 자연 현상을 수학적으로 해석하는 것이 이 수업의 목표다. 그러다 보니 수학의 쓸모를 이해하고 주어진 과제를 수학적으로 이해하고 활용하는 데 수업의 방점이 찍혀 있었다. 수학은 아리송한 기호 놀음이 아니라 실생활을 두고 소통하는 언어였다.

학생들은 교사가 부여한 미션을 수행한 다음 교실 앞으로 나가 발표를 했다. 칠판 앞에 서서 문제를 풀어 보고 틀리면 망신을 당하는 일반 교실에서의 모습과는 거리가 멀었다. 팀별로 열심히 준비한 후 결과를 발표하는 모습이 편안해 보였다. 하이 레벨에서 학생들이 수준 높은 보고서를 쓴다면, 스탠더드 레벨에서 학생들은 자신의 눈높이에 맞는 수학적 경험을 하고 있었다. 이처럼 IB 수학은 문제 푸는 기계를 만들지 않고 배운 개념을 어디까지 확장할 수 있는지, 그

개념을 통해 타인과 어느 정도 의사소통할 수 있는지에 방점을 둔다. 수업을 진행하는 포산고 수학 교사 김선영은 수업을 하면서 가장 큰 즐거움이 "학생들의 수학적 사고가 길러지는 것이 느껴지고, 문제를 풀 때 차분히 생각하면 해결할 수 있다고 학생들 스스로 기대하는 모습"이라고 했다. 수업은 모둠으로도 진행되는데 학생들은 수학적 어려움 속에서 고립되지 않고 다른 학생들과 협업하며 심리적 안정감을 바탕으로 문제를 조금씩 해결해 나가고 있었다.

많은 공학자가 수학 공부가 어려울 필요가 없다는 점을 강조한다. 어떤 공학자는 현실에서는 중3 수준만 알아도 충분하다고도 한다. 그것을 얼마나 현실에서 잘 사용하느냐, 또 수준 높은 수학 이론이 필요할 때 거부감 없이 찾아서 적용하거나 학습해 낼 수 있느냐가 더 중요하다고 입을 모은다. 지나치게 어려운 수학 문제를 풀게 함으로써 많은 학생이 수학을 포기하게 하고, 그 결과 수학을 활용하는 데 지장을 주고 있다는 것이다.

촬영 당시 수학 교실 현장에서 가장 눈에 띄었던 점은 학생들이 계산기를 쓴다는 것이었다. 한국인에게 계산은 수학의 핵심이자 자존심이다. 연산을 더 빨리 더 잘하라고 어릴 때 주산학원에 보내듯이, 계산을 잘한다는 것은 소위 똑

똑함의 상징이었다. 그런데 필즈상을 받은 수학자 허준이는 서울대 유튜브 인터뷰에서 식당에 갔을 때 팁 계산에 어려움을 느낀다고 고백한 적이 있다. 계산을 정확히 하는 실력은 필요하지만, 우리가 계산기가 될 필요는 없다. 그래서 IB 수업에서 계산은 기본적으로 계산기에 맡긴다. 굳이 빨리 계산하기 위해 단련해야 할 필요가 없는 것이다. 빠른 계산은 계산기나 인공지능이 하면 된다. 더 중요한 것은 컴퓨팅 시스템을 얼마나 적절하게 활용하느냐다. 미국 S.A.T와 G.R.E 등을 출제해 온 엘카미노대학의 폴 윤은 왜 우리가 직접 계산하는 것에 대한 집착을 버려야 하는지 다음과 같이 설명했다.

3.24567 곱하기 20.00362, 이런 식으로 현실에서는 상당히 복잡한 계산들이 나옵니다. 이것을 사람이 손을 써서 계산하는 것은 상당히 비효율적입니다. 계산기를 써야 합니다. 우리가 서울에서 부산 가는 데 열심히 뛰어가는 것보다는 KTX 타고 가는 게 더 빠르잖아요. 그리고 계산기를 사용하는 훈련이 중요한 이유는 우리가 향후 AI와 협업하는 체제로 가야 하기 때문입니다. AI가 잘하는 분야가 있고, 사람이 잘하는 분야가 있습니다. 그래서 적절하게 계산 능력을 교육하고, 현실적인 문제는 기계

를 사용해 풀어 가는 능력을 키우는 것이 상당히 도움이 될 것입니다.

IB 수학 시험에서 주목할 점은 부분 점수가 있다는 것이다. 예를 들어 치환적분을 활용해 주어진 함수의 부정적분을 구하는 문제가 나왔다면, 부정적분으로 풀려는 시도만 하더라도 최소 점수가 부여된다. 또한 문제를 푸는 과정에 실수가 있어 최종 답이 틀렸어도 풀이 과정에서 실수한 부분만 감점 처리한다. 그러니 최종 답이 틀렸더라도 계산 실수가 한 번만 있었다면 만점에 가까운 점수를 받을 수 있다. 그래서 학생들이 느끼는 심리적 압박은 훨씬 덜하다.

그런데 수학이란 엄밀성이 강조되는 학문이니만큼 최종 답이 틀리면 무의미하지 않느냐는 의문이 들 수 있다. 이 부분의 평가에 대해 IB는 상당히 다른 관점을 가지고 있다. 바로 감점보다는 가점이다. 즉 배우는 과정에 있는 학생이 얼마나 모르는지 얼마나 실수했는지보다는, 얼마나 아는지 얼마나 문제 해결 능력을 갖추고 있는지가 더 중요하다. 이 평가 방침은 학생이 설령 교육과정에서 실수와 실패를 했더라도 자신을 긍정적인 모습으로 바라보며 성장해 나갈 것을 독려하려는 철학에 바탕을 두고 있다.

수학 하이 레벨 시험 구성

	시험 종류	가중치	평가 항목
외부 평가	시험1 (55+55점)	30퍼센트	섹션A: 기본 수준의 서술형 질문 섹션B: 하이 레벨의 서술형 질문 (계산기 사용 금지) (120분)
	시험2 (55+55점)	30퍼센트	섹션A: 기본 수준의 서술형 질문 섹션B: 하이 레벨의 서술형 질문 (계산기 사용 가능 + 공식집 제공) (120분)
	시험3 (55점)	20퍼센트	심화 서술형 문제 2개 (계산기 사용 가능 + 공식집 제공) (60분)
내부 평가	수학적 탐구 (20점)	20퍼센트	개별 탐구 수학의 한 분야를 바탕으로 수학적으로 문제 해결

IB 수학 시험1에서는 계산기 사용 없이 문제를 풀어야 한다. 계산기 사용 능력을 강조하긴 하지만, 학생들이 계산할 수 있는 능력이 있는지를 확인하는 부분이다. 다만 지나치게 복잡해서 계산 실수를 유도하는 문제는 나오지 않으며, 시간 압박도 덜하다. 시험2는 계산기를 사용해 문제를 풀어야 하는데, 공식집이 함께 제공된다. 공식을 따로 외울 필요 없이 이론을 알면 적용할 공식을 책에서 찾아 사용하면 된다. 시험2는 한 문제당 질문이 여러 개로 나뉜다. 그래서 하

IB 외부 평가(시험 3)

2. 이 문제는 함수열 $-1 \leq x \leq 1$에서 정의된 $f_n(x) = cos(narccosx)$에 대한 몇 가지 성질을 조사해야 한다.(단, n은 자연수이다.)

중요: 문제를 해결하는 과정에서 함수의 그래프를 스케치할 때, 각 축과의 교점을 찾을 필요가 없으며 요청하지 않는 이상 고정점(Stationary point)을 찾을 필요는 없다.

(a) 하나의 좌표평면에 $y = f_1(x)$, $y = f_3(x)$의 그래프를 모두 스케치하시오.(단, $-1 \leq x \leq 1$이다.)

(b) $x > 2$를 만족하는 홀수에 대하여, GDC를 사용하여 n의 값을 다양하게 바꿔 보시오. 이를 활용하여 극대점과 극소점의 개수 둘 홀수 n에 대하여 제안해 보시오.

(c) 하나의 좌표평면에 $y = f_2(x)$, $y = f_4(x)$의 그래프를 모두 스케치하시오.(단, $-1 \leq x \leq 1$이다.)

(d) $x > 2$를 만족하는 짝수에 대하여, GDC를 사용하여 n의 값을 다양하게 바꿔 보시오. 이를 활용하여 극대점과 극소점의 개수 짝수 n에 대하여 제안해 보시오.

⋯⋯ (중략) ⋯⋯

(g) 삼각항등식을 이용하여 $f_{n+1}(x) = cos\big((n+1)arccosx\big) = cos(narccosx)cos(arccosx) - sin(narccosx)sin(arccosx)$임을 보이시오.

(h) 이를 활용하여

(i) $f_{n+1}(x) + f_{n-1}(x) = 2xf_n(x), n \in z^+$:

(ii) $f_3(x)$를 3차 다항식으로 표현하시오.

나의 문제 안에서도 여러 단계를 거쳐 풀이가 진행되는데, 계산이 과중하지 않고 여러 복잡한 수학적 지식을 한 번에 활용할 것을 요구하지 않는다. 시험3은 가장 난도가 높은 시험으로, 하이 레벨 학생만 본다. 하지만 킬러 문항과는 거리가 있다. 시험 문제 해결을 위한 여러 단계가 제시되어 문제 풀이를 위한 구체적인 방법이 제시된다. 또한 문제 해결 과정에서 하지 않아도 되는 것들도 친절하게 알려 준다. 무엇보다 현실에서 일어날 수 있는 문제가 제시되므로 이 문제를 왜 풀어야 하는지에 대한 의문이 생기지 않는다.

개인과 사회: 역사

포산고의 고2 IB 역사 시간을 살펴보자. 학생들은 1, 2차 세계대전 사이의 전간기를 중심으로 수업을 진행했다. 당시 시대 배경을 간략하게 설명하면, 독일과 이탈리아에서 전체주의가 발흥하고 있었고, 결국 히틀러와 무솔리니가 이끄는 파시즘 세력은 유럽을 위협하고 2차 세계대전을 촉발했다. 학생들은 파시즘의 전개 과정을 꼼꼼히 학습하고 국제 사회가 이 문제를 왜 해결하지 못했는지에 대해 진지하게 토의했다. 토의 과정은 두세 달에 걸쳐 진행되었다.

학생들은 해당 주제가 끝나는 시점에 전간기에 살았던 사람들에게 나눠 줄 『파시스트가 되지 않는 법』이라는 소책자를 만들었다. 학생들은 모둠으로 나뉘어 과제를 수행하는데, 논문을 검색하거나 직접 사료를 찾아 선별하고 분석하는 과정을 거친다. 포산고 학생 황주미는 "제한된 지면 안에서 사람들을 설득하기 위해 어떤 점을 강조해야 할지, 어떤 이미지를 사용해야 효과적일지를 고민했다. 그 과정에서 당대 사람들의 처지를 생각하고 당시 사회적 배경이나 맥락을 고려해 볼 수 있었다"라고 말했다. 주어진 지식을 습득하기보다는 지식을 찾고 해석하고 표현한다는 점에서 IB 역사 교육은 일반적인 역사 수업과 많은 차이를 보였다.

일반 학교에서 역사 수업은 연대사, 통사로 접근한다. 즉 몇 년도에 어디서 무슨 일이 있었는지 사실 위주로 방대한 지식을 습득하는 것이 유능한 역사 과목 응시자가 갖추어야할 기본 덕목이다. 많은 양의 지식을 소화해야 하기 때문에 교사의 수업 방식 역시 일방적으로 지식을 전달하는 주입식 교육이 되기 쉽다. 반면 IB는 주제를 중심으로 특정 시기나 몇 개의 사건을 깊이 있게 다루는 방식을 택하고 있다. 학생들이 하나의 시대, 사건, 인물을 다루더라도 역사적 사료를 분석하고, 관련 사건들의 맥락을 이해하고, 어떻게 역사적으로 판단할 것인지를 고민하는 시간을 충분히 갖게 하는 것이다. 포산고에서 IB 역사를 가르치는 교사 박지영은 "역사 이슈는 대학에서 전공으로 택하지 않더라도 시민, 국제 사회 일원으로 항상 우리가 만나게 되는 이슈다. 그래서 성인이 되어 역사 관련 정보를 비판적으로 바라보고 역사적 통찰력을 발휘할 수 있는 역량을 기르는 것이 중요하다"고 말한다. 수업은 역사적 지식을 얼마나 많이 알고 있는지를 묻는 〈도전 골든벨〉이나 〈장학 퀴즈〉가 아니며, 역사적으로 어떤 관점을 취하고 있는지를 확인하는 사상 검증 시간도 아니다. 그보다는 논리와 설득력을 바탕으로 얼마나 깊이 있게 역사적 판단을 할 수 있는지에 방점을 두어야 한다. 런던대 S.O.A.S에서 한국학을 강의하는 한국학센터 소장 앤더슨 칼슨은 한국의 역사 교육에서 비판적 사고가 필요하다는 점을 강조했다.

역사에 접근할 때는 어떻게 생각해야 하는지 가르쳐 주지 않는 게 중요하다고 생각합니다. 중요한 것은 다양한 견해를 비판적으로 분석하고 균형 잡힌 역사관을 갖는 것입니다. 한국에는 정치적으로 민감한 역사적 이슈가 많습니다. 20세기 한국 역사에서는 짧은 기간 안에 매우 많은 일이 일어났어요. 역사를 공부하면서 배울 수 있는 주요한 기술은 비판적으로 이해하고 분석하는 능력입니다. 그런 점에서 한국사는 역사라는 학문 자체를 이해하는 데 도움이 될 측면을 많이 가지고 있다고 생각합니다.

IB는 역사가처럼 연구하는 학습 과정을 목표로 한다. 학생 때는 배우고, 연구는 전문가가 돼서 하는 것이라고 여겨왔던 것을, IB는 학생일 때부터 학자가 연구하는 것과 같은 방식으로 공부해야 한다고 말한다. 포산고의 역사 수업에서 파시즘 관련 소책자를 만드는 과제는 역사 연구자의 입장을 경험하는 과정의 일환이다. 이런 수업은 학생들의 주도성을 인정하기 때문에 가능하다. IB는 획일성을 지양하고 학습자의 다양한 시각과 접근을 권장한다. 그런 과정이 있어야 민주적인 시민을 양성하는 것이 가능하기 때문이다.

평가 시험1에서는 동일한 주제, 사건, 인물에 관한 사료 4개를 받은 후 질문에 맞춰 답을 써야 한다. 예를 들어 태평양 전쟁의 발발 원인에 관한 시험이라면 이를 이해하는 데 도움이 될 당시 전단지, 편지, 공문서, 후세대의 연구자가 작성한 저작물 등이 제시된다. 그러면 학생들은 해당 사료에

역사 하이 레벨 기준 시험 구성

	시험 종류	가중치	평가 항목
외부 평가	시험1 (24점)	20퍼센트	사료 기반 서술형 시험 (1시간) 주어진 사료들을 분석
	시험2 (30점)	25퍼센트	12가지 세계사 주제에 대한 서술형 시험 (1시간 30분) (서로 다른 2가지 주제에 대해 2개의 서술형 질문에 대답)
	시험3 (45점)	35퍼센트	네 지역(아시아, 아프리카, 유럽, 아메리카)에 대한 서술형 시험 (2시간 30분) 선택한 지역에 관한 3가지 서술형 질문에 답
내부 평가	역사 연구 에세이 (25점)	20퍼센트	학생이 선택한 주제에 대한 역사 연구 에세이 작성 (2,200 단어 이내로 서술)

서 의미를 도출하고, 사료가 얼마나 가치 있는지를 검토하며, 사료들을 비교하고, 마지막으로 사료들을 종합해서 주제에 관한 자신의 견해를 제시해야 한다.

시험2에서는 사회와 경제, 전쟁의 원인과 결과, 산업화의 기원과 발전, 권위주의 국가, 세계대전의 원인과 결과, 냉전 등 12가지 세계사 주제 가운데 두 가지 주제를 선택해 수업 시간에 배운 주제와 관련해서 나온 두 문제에 대해 자기 생각을 작성해야 한다.

시험3은 아프리카와 중동, 아메리카, 아시아와 오세아니아, 유럽의 역사 가운데 하나의 지역을 선택해 공부한 내용을 바탕으로 관련 질문들에 답해야 한다. 한국의 IB에서는 보통 아시아와 오세아니아 파트를 공부한다. 에세이는 학생 개인이 관심을 가지는 역사적 주제를 조사 연구해서 서술한 뒤 제출한다. 전반적 경향을 보면, 역사적으로 먼 시대보다는 현재에 영향을 미친 가까운 과거를 집중적으로 다루고 있다는 것을 알 수 있다. 이에 반해 수능은 먼 과거를 많이 다룬다. 우리나라 역사를 봐도 한국전쟁과 냉전보다는 조선 시대와 일제 강점기를 많이 다룬다. 과거일수록 이미 학계에서 견해차가 크지 않아 시험 문제에 논쟁이 생기지 않는, 상대적으로 안전한 문제를 낼 수 있기 때문이다.

예시

역사 시험2

- 전쟁이 사회 변화를 가속한다는 주장에 대해 어떻게 생각하는가. 2가지 전쟁 사례를 들어 의견을 제시하시오.

- '민주주의 국가의 정부 정책들은 부의 분배에 거의 영향을 미치지 않는다'는 명제에 대해 2가지 이상의 역사적 사례를 제시하고 본인의 생각을 논하시오.

- 한 종교를 예로 들어, 통치자와 종교 지도자 간의 분쟁 원인을

분석하시오.

- 근대 전쟁 하나를 들고 용병의 역할과 중요성을 분석하시오.

- 1947~1964년 미국의 봉쇄 정책이 초강대국들의 관계에 미친 영향을 분석하시오.

역사 시험3

- 동학 혁명이 일본의 조선 병합을 불가피하게 만들었다는 주장에 대해 얼마나 동의하는가?

- 1950년까지의 상황을 참고하여 중일전쟁(1937~1945)이 한국에 미친 영향을 평가하시오.

- 한국전쟁이 한반도에 미친 경제적, 정치적 영향을 논하시오.

과학: 화학

경북대사대부고에서 화학을 가르치는 교사 이원두는 일반 화학 시간이 문제를 푸는 데 많은 시간을 할애하지만, 그 문제 풀이가 실제 화학 연구에서 필요한 계산을 담고 있지 않다고 지적했다. 말하자면 화학 내용을 담고 있는 수학에 가깝다는 것이다. 반면 IB 화학 수업은 실험에 기반을 둔다. 화학 하이 레벨 수업에서는 필수로 진행해야 하는 실험만

10개나 되고, 학생은 직접 실험을 기획하고 실행해 그 내용을 12쪽 분량의 보고서로 작성해야 한다. 실험하기 위해서는 개념 설명을 많이 해야 하는데, 이 부분은 일반 교육과정과 비슷하다. 차이점은 배운 개념으로 다양한 실험을 하느냐 문제 풀이를 하느냐, 즉 평가 여부에 있다.

경북대사대부고 화학 수업을 찾아갔을 때 학생들은 간이 열량계로 반응열을 측정하는 실험을 하고 있었다. 실험은 황산구리 수용액을 제조한 다음 용액의 온도가 일정해지면 아연 분말을 투입하고, 황산구리와 아연 금속 사이의 반응이 일어나면 그 반응열을 확인해서 기록하는 것으로 구성된다. 실험 목적은 데이터가 그린 그래프를 해석하는 데 있다. 실험이 얼마나 성공적이었는지가 중요한 것이 아니라 충실히 실험해 보고 결과가 다르게 나오면 왜 그렇게 나왔는지 확인하는 과정에 집중한다.

일반 화학 시간에는 실험하더라도 원하는 결과를 냈느냐 아니냐로 점수가 달라진다. 이때 실험은 책에 나온 결과를 그대로 재연하는 게 목적이 된다. 그런데 실험은 항상 이론적으로 완벽한 결과를 내진 않는다. 미세한 오차로도 다른 결과를 내기 때문에 세심한 준비와 능숙한 진행 능력을 요구한다. 중요한 것은 실험에서 발생하는 다양한 상황을 이해하고 왜 다른 결과가 나왔는지를 파악하는 데 있다. 교사 이원두는 학생들에게 실험은 실패하는 경험이므로, 실패하더라도 거기서 실패 원인을 밝혀 개선하기 위해 노력하면 된다고 강조한다.

자신이 원하지 않는 결과를 얻었을 때, 그것을 다시 바로잡을 수 있는 사고를 할 수 있느냐 없느냐는 잘 되는 실험만 했느냐, 잘 안되는 실험도 해 보고 고쳐 봤던 경험이 있느냐에 따라 큰 차이가 있습니다. IB 수업은 실패 자체를 두려워하지 말라고 합니다. 실패는 끝이 아니라 시작이기 때문입니다.

만약 실험이 성공하면 좋은 점수를 받고, 실패하면 낮은 점수를 받는 것으로 끝난다면 성공에서도 실패에서도 배울 점은 거의 없을 것이다. 오직 결과와 점수만 남을 뿐이다. 그렇게 접근한 실험으로는 새로운 실험을 설계할 수도 없고, 경험을 쌓아 실험을 능숙하게 운영할 힘도 생기지 않는다. 수업 중 진행한 반응열 실험에서 실제 세 팀 중 한 팀은 실험에 실패했다. 실패해도 된다고 해서 분위기가 화기애애하지는 않다. 실험에 실패한 팀은 왜 그런 결과가 나왔는지 확인해 보는 시간을 가지는데, 이때 교사는 어떤 점들을 점검해 봐야 할지 가이드를 제공한다. 그러면 학생들은 다음 시간까지 조사해서 어디서 실험 오차가 생겼는지 정리한다. 또한 실험에서 주의할 점과 개선할 점도 함께 정리해서 발표한다. 이 학생들은 해당 실험에선 실패했을지라도 다음 실험에서는 더 능숙한 모습을 보일 것이다. 실험 과정을 통해 학생들의 실험에 대한 이해도가 한층 높아질 것이기 때문이다. 시험 과학이 아닌 실험 과학을 한 결과다.

경북대사대부고 수업에서 인상적인 부분은 실험에 제대로 참여하지 못하고 겉도는 학생이 없다는 점이다. IB 학생들은 자신의 현재 상태에 대해 스스로 잘 알고 있었다. 그래서 모둠 내에서 자신이 할 수 있는 일을 찾는다. 이런 수업 분위기가 조성된 데는 절대평가 체제와 평가 일정이 긍정적으로 작용한다. IB는 내부 보고서의 제출 마감 시점이나 외부 평가가 DP 후반부에 몰려 있다. 많이 실패하고 넘어져도 회복할 여유가 있다. 또한 상대평가로 성적을 매기지 않기 때문에 앞서가는 다른 학생을 보며 불안감을 느낄 필요도 없다.

교사는 내부 평가에서 제출하는 연구 과제에 정기적인 피드백을 제공하거나 실험 설계, 결과 해석 등에 여러 가지 조언을 제공해 학생의 성장을 지속해서 지원해 준다. 교사들

화학 하이 레벨 평가 구성

	시험 종류	가중치	평가 항목
외부 평가	시험1 (40+35점)	36퍼센트	시험 1A: 선다형 문제 시험 1B: 데이터 기반 및 실험 과제 관련 문제 (2시간)
	시험2 (90점)	44퍼센트	단답형 및 서술형 문제 (2시간 30분)
내부 평가	과학적 연구 과제 (24점)	20퍼센트	과학적 연구 과제 (3,000 단어 이내)

※ 외부 평가에 계산기 사용 가능 + 화학 자료집 제공

의 이러한 피드백은 학생 스스로 답을 찾도록 인도할 뿐, 직접적인 답을 찾아 주진 않는다. 그래서 피드백 과정에서는 학생과 교사 사이에 무척 많은 대화가 이루어진다.

평가 시험1은 간단한 선다형 문제와 주어진 데이터를 통해 간단하게 답하는 형식으로 되어 있다. 수능과 IB 시험 모두 화학에 대한 기본 개념의 이해와 적용을 바탕으로 묻지만, 수능은 화학 이론을 이해해도 상당히 많은 계산이 이어져야 한다. 하지만 IB는 화학에 대한 이해까지만 확인한다는 점에서 수능과 다르다.

시험2는 화학 실험에서 이해하고 판단해야 하는 일련의 과정을 확인한다. 여러 개의 문항이 있고, 여기에는 부분 점

수가 있다. 문제에 대해 간단하게 답하기도 하고 서술을 해야 하기도 한다. 내부 평가는 학생이 직접 주제를 선정해서 화학 실험을 하고, 그 결과를 보고서로 작성해야 한다. 이 보고서에는 연구 질문에 대한 구체적 설정과 연구 방법이 설계, 데이터 기록 및 처리 과정에 대한 명확한 기술, 적절한 실험 수행 과정이 있어야 하고, 결론에는 연구 질문에 관한 정확한 답변이 들어 있어야 한다. 결과에 대한 한계점과 개선점을 설명해야 고득점을 받을 수 있다.

예시

화학 시험2

1. 질산암모늄(NH_4NO_3)은 고질소 비료로 사용된다.

(a) 암모늄 이온이 Brønsted-Lowry 산 또는 염기인지 이유와 함께 진술하시오.

(b) 0.20 mol dm^{-3} 질산암모늄 용액이 준비되어 있다.

(i) [H_3O^+]=1.07×10^{-5} mol dm^{-3}인 질산암모늄 수용액의 pH를 계산하시오. 자료집의 섹션 1을 사용하시오.

(ii) 질산암모늄은 수산화나트륨으로 중화된다. 이 반응의 화학반응식을 쓰시오.

(iii) 0.20 mol dm^{-3} 질산암모늄 수용액 20.00 cm^3을 0.20mol dm^{-3} 수산화나트륨 수용액으로 적정하였다. 자료집의 섹션 1,

21을 사용하여 당량점에서의 pH를 소수점 아래 두 자리까지 결정하시오.

(iv) 0.20 mol dm^{-3}질산암모늄 수용액을 수산화나트륨으로 적정할 때 얻을 수 있는 pH 곡선을 스케치하시오.

(v) bromothymol blue(브로모티몰블루)가 이 적정에서 적절한 지시약인지 이유와 함께 진술하시오. 자료집의 섹션 22를 사용하시오.

예술: 연극

제주 표선고에는 예술 영역으로 '미술'과 '연극' 수업이 운영되고 있다. 미술 수업은 미술대학을 지망하는 학생이 듣는 반면, 연극 수업에는 영화나 연극을 지망하는 학생은 없고 단순한 호기심으로 모인 학생들이 많았다. 표선고의 IB 연극 수업은 학생들에게 '힐링' 과목으로 통한다. 다른 과목과 달리 활동적이고 접근하기 쉬우며 또 자신을 표현하는 게 즐겁기 때문이다. 어떤 학생은 연극 수업을 체육 수업 같다고 느끼는데, 자신을 표현하고 몸을 다루는 능력을 기르는 과정 때문이다. 수업에는 교사와 함께 현직 연극배우가 보조 교사로 참여한다.

수업이 즐겁게 진행된다고 해서 학예회를 생각하면 안 된다. 학생들은 자신의 몸을 이해하고 어떻게 사용할 것인지

연극 하이 레벨 평가 구성

	평가 종류	가중치	평가 항목
외부 평가	연구 발표 (24점)	20퍼센트	**연극 장르 하나를 선정, 연구** - 발표 영상 녹화물 제출 (15분) - 참고 목록 제출
	협력 프로젝트 (24점)	25퍼센트	**오리지널 연극 작품 공연** 프로젝트 보고서 (최대 10페이지 / 4,000 단어 이하) - 발표 영상 녹화물 제출 (7~10분)
	단독 연극 작품 (24점)	35퍼센트	연극 이론 하나를 연구하여 이를 적용한 오리지널 연극을 창작하여 공연 보고서 (2,500 단어) 및 참고자료 목록 - 발표 영상 녹화물 제출 (4~7분)
내부 평가	제작 제안서 (20점)	20퍼센트	- 제작 제안서 (연출 노트) 작성 참고 자료 목록 제출 (최대 12페이지 / 4,000 단어 이하)

를 진지하게 배운다. 이 수업을 통해 몸의 긴장을 풀고 사람들 앞에서 자신을 보여 주는 것에 익숙해지기 시작한다. 또한 결과를 만들어 가는 과정을 통해 자신을 이해하게 되고, 자존감이 높아지는 경험을 하게 된다. 동시에 상대를 깊이 이해하는 경험을 통해 협동심이 가장 크게 신장하는 수업이다.

연구 발표는 탈춤, 셰익스피어 연극 등 다양한 시대와 지역의 연극 장르를 선정해 그 내용과 특징을 발표하고, 해당 장르를 시연해야 한다. 협력 프로젝트는 3~4명의 학생이 그룹으로 모여 창작 공연을 한다. 하이 레벨에서만 진행하는 단독 연극 작품은 학생이 혼자 연극 이론 하나를 선정한 후 그 이론을 가장 잘 설명하고 적용할 수 있는 오리지널 작품을 만들어 공연한다. 연극은 외부 채점관이 평가하는 외부 평가로 실시하지만, 외부 평가라고 해서 지필고사를 떠올리면 안 된다. 모두 수행평가에 해당한다. 그래서 외부 채점관이 평가할 수 있도록 영상 기록물을 찍고, 보고서를 작성해서 제출하게 되어 있다. 내부 평가에서 학생은 작품 하나를 분석하고 연극을 공연한다는 가상 상황에서 무대 구성, 조명과 음향 사용 등 연출 방향을 정리한 제작 제안서를 제출해야 한다. 예술 영역은 쉬워 보이지만, 막상 7점을 받기는 매우 어렵다고 알려져 있다. 예술 과목의 특성상 높은 수준에 도달하는 것이 쉽지 않기 때문이다.

핵심 과목: 지식이론(T.O.K)

T.O.K에서 학생들은 지식이란 무엇인지, 지식은 어떻게 만들어지는지, 지식의 종류는 무엇이 있는지, 사람들은 어떤

지식을 믿는지, 왜 지식을 습득하는지, 지식 습득의 의미는 무엇인지를 묻고 답한다. 하나의 교과에 깊이 빠져들어 공부할 수밖에 없는 학생들에게 거리를 두고 지식을 바라보게 한다는 점에서, 또 지식을 이용해 이득을 취하려는 태도를 경계하고 올바른 지식 사용을 고민하게 한다는 점에서 모든 교과에 기반이 되는 역할을 한다. 언뜻 보면 형이상학적 접근 같고, 그래서 어려워 보인다. 그러나 IB 학생들에게 어떤 과목이 가장 흥미로운지 물어보면 놀랍게도 절반 이상이 T.O.K 수업이라고 답한다.

이 과목의 교사는 지식론을 설명하기도 하지만, 주로 학생들에게 끊임없이 질문을 던져 생각하고 분석해 보고 더 명료하게 설명할 것을 요구한다. 예를 들어 주제가 '위키피디아의 역할과 의미'에 관한 것이라면, 학생들은 전문가와 공동체가 지식의 형성에 어떤 역할을 하고 있으며, 앞으로 어떤 역할을 해야 하는지에 대해 심도 있게 토론한다. 학생들은 일상에서 당연하다고 생각했던 것들에 대해 살펴보는 과정을 통해 지적 유희와 지식에 대해 더 비판적이고 객관적으로 접근할 수 있는 메타인지 능력 등을 기를 수 있다.

IB에서는 T.O.K를 가르치는 전문 교사가 따로 있지 않다. 국어, 영어, 과학, 역사 등 모든 과목의 교사들이 T.O.K를 맡을 수 있다. 보통 교과별로 돌아가면서 T.O.K를 담당하는 경우가 많다. 교사들이 한두 해 병행해서 T.O.K를 가르치다 보면 각자의 전공 교과에서의 수업 역량이 훨씬 강화되기 때문이다. 경북대사대부고 교사 박상욱은 전공 교과에서 벗어나 넓게 지식의 세계를 바라보고, 또 학생들과 깊이 있는 대화를 통해 많이 배운다고 말한다.

우리는 지금 지식이 폭발하고 있는 사회에 살고 있습니다. 엄청나게 다양한 지식, 혹은 지식을 가장한 가짜 정보 속에서 학생들은 수업을 통해 지식이라는 것이 어떻게 만들어지고 어떻게 검증되고, 인정받고, 어떨 때 폐기되는지를 배워 갑니다. 그것들을 통해 학생들 자신이 접하게 되는 정보들이 과연 진실을 담고 있는지 비판적으로 취사선택을 할 수 있도록 도와주기 때문에 정말 필요한 수업입니다. 저는 다른 IB 과목에서 지식을 습득하는 과정도 중요하지만, T.O.K야말로 IB 프로그램의 꽃이라고 생각합니다.

T.O.K 외부 평가는 시험 문제가 마감 몇 개월 전에 사전 공지된다. 그러면 해당 문제 중에 하나를 골라 에세이를 작성하는데, 별도의 시간을 확보해서 쓰기보다는 수업

중 10시간을 해당 에세이를 쓰는 데 활용하도록 권장한다. T.O.K의 경우에는 대필을 막기 위해 세 차례의 피드백 시간을 마련해 학생의 작성을 돕고, 그 과정을 기록으로 남겨 만일의 상황에 증거 자료로 사용한다. 일반적으로 봐도 IB 수업에서 각 과목 교사는 학생들의 수준과 상태를 매우 세심하게 파악하고 있어 편법이 개입할 여지가 적으며, 학생들은 학문적 정직성과 자기 생각이 아닌 것을 인용할 때 어떻게 해야 하는지 윤리적 태도를 철저하게 배운다. 한편, 내부 평가는 T.O.K 전시회 개최로 평가받는다. 보통 이 과정을 위해서 수업 시간 중 8시간을 할애하며, 전시회 해설서를 950 단어 이내로 작성해서 제출해야 한다. 전시회는 교내 재학생과 학부모에게 공개된다.

T.O.K 평가 구성

	평가 종류	가중치	평가 항목
외부 평가	지식 이론 에세이 (10점)	67퍼센트	지식 이론 에세이 IB가 제시한 6개의 문제 중에 하나를 선택하여 에세이 작성 (1,600 단어 이내)
내부 평가	지식 이론 전시회 (10점)	33퍼센트	지식 이론 전시회 지식 이론 수업을 듣고 주제를 선정하여 탐구한 후 전시회 개최

T.O.K 외부 평가

- 과학 기술은 지식을 생산하기도 하고 생산된 지식을 제한하기도 한다. 이 말에 대해 2가지 지식 영역을 참고해서 논하시오.

- '세상을 이해하기 위해 우리는 고정관념을 사용할 필요가 있다'는 말에 대해 어느 정도 동의하는가. 이 말에 대해 2가지 지식 영역을 참고해서 논하시오.

- 좋은 설명은 반드시 진실이어야만 하는가. 이 말에 대해 2가지 지식 영역을 참고해서 논하시오.

- '자연 과학에서는 진보는 가능하지만 예술에서는 진보가 불가능하다'라는 말에 얼마나 동의하는가. 이 말에 대해 2가지 지식 영역을 참고해서 논하시오.

핵심 과목: 소논문(E.E)

E.E는 학생이 자신만의 연구 주제를 발굴해서 보고서를 쓰는 형식으로, 개별 교과에서 요구하는 에세이보다 더 심도 있는 결과를 보여 줘야 하는 필수 과정이다. 주제는 수업에서 찾을 수도 있고, 완전히 다른 곳에서 가지고 올 수도 있다. E.E는 특정 교과에서 탁월한 성취를 보이는 학생이 더 높은 수준에 도전하는 일이기도 하고, 선택한 교과가 채우지 못하는 지적 영역에 도전해 보는 일이기도 하다.

우리나라에서는 그간 논문 작성 및 참여는 '아빠 찬스'의 온상이었다. 그래서 외부 논문 참여를 대입에 반영하는 것이 전면 금지되기까지 했다. 결국 소논문 작성을 통해 얻을 수 있는 장점을 살리지 못하게 된 것이다. IB 학교의 소논문은 학교 내에서 관리되는 형태로 외부 논문에 참여하거나 직접 논문을 기고하는 등의 비교과 활동이 아니다. 그래서 유명 논문의 공저자로 참여하는 식의 기적 같은 퍼포먼스를 보여 줄 필요가 없다. 소논문은 학생 수준의 결과를 요구한다. 그렇지만 혼자서 이 과정을 감당하는 일은 큰 도전인 만큼 학생들은 소논문 완성에 긍지와 보람을 느낀다.

E.E를 작성하는 데는 지도 교사와 코디네이터가 필요하다. 지도 교사는 주제에 맞게 배정되며 연구 주제 선정, 연구 방법 등 연구 내용에 대한 가이드와 피드백을 제공한다. 학생은 정식 피드백을 받을 기회를 세 번 제공받는다. 지도 교사는 정식 수업을 통해 소논문에 필요한 격식을 가르쳐 준다. 대학의 논문 작성법 수업을 떠올리면 된다. 코디네이터는 이론 설명에 더해 틀에 맞게 글을 쓸 수 있도록 안내하고 학생들의 질의에 응답한다.

E.E는 외부 평가로, 채점관을 통해 A~E를 부여받으며, E를 받으면 낙제로 전체 디플로마를 받을 수 없다. E.E 점수

는 T.O.K 점수와 합쳐진 후 정해진 매트릭스에 맞춰 핵심 과목 점수 3, 2, 1, 0점이 부여된다. 일반적으로 코어 과목에서 3점을 받는 학생은 10퍼센트 정도에 그친다. 대부분이 1~2점을 받는다.

핵심 과목: 창의·체험·봉사(C.A.S)

C.A.S는 일반 교육과정의 '자동봉진(자율학습, 동아리, 봉사, 진로 탐색)'과 유사하다. 점수는 나오지 않지만, 통과해야만 디플로마를 받을 수 있다.

창의 활동은 공연, 작문, 영화, 요리, 작사, 작곡 등 다양한 활동이 가능한데, 학생이 처음으로 시도하는 것이 포함되어야 한다. 동아리 선배들이 했던 창의적인 활동을 반복하면 해당 항목을 인정받을 수 없다. 체험 활동은 주로 신체 활동을 주기적으로 하는 것을 말한다. 개인적으로 활동해도 되고, 스포츠팀에 들어가는 것도 가능하다. 봉사는 인정 기관에서 활동해야 한다는 식의 제약은 많지 않지만, 건성으로 할 수 없다. 매주 4시간씩 18개월 동안 꾸준히 해야 하고, 모든 과정과 성찰한 내용을 기록에 남겨야 하기 때문이다. 기록하지 않은 것은 인정받지 못한다. 기록하는 과정에서 학생은 자신의 활동에 대한 성찰 일지를 남기는데, 이 부분이

학생의 다양한 활동을 풍부하게 만드는 핵심적인 역할을
한다.

5장

IB가 불러온 놀라운 변화들

IB의 이상적인 수업 풍경

〈교실 이데아〉 촬영을 위해 여러 수업을 목격했지만, 그중에서도 대구 포산고 고3 국어 시간에 진행한 동료 평가 수업이 IB의 세계관을 가장 압축적으로 보여 주는 장면이라고 생각한다. 동료 평가 수업이란 교사가 외부에서 가지고 온 답안지를 학생들이 직접 채점해 보거나, 학생들이 서로의 답안지를 돌려 보며 직접 점수를 매겨 보는 과정이다. 이 과정은 오직 IB만이 실현할 수 있는 결정적 지점들을 두루 포함하고 있다.

동료 평가 수업이 가능하려면 몇 가지가 전제되어야 하는데, 일반 교육에서는 소화할 수 없는 것들이다. 첫째, 교사가 어떤 수업을 진행하겠다고 결정하면, 실제 실행할 수 있는 자율성이 보장되어야 한다. 새로운 기획을 하고 싶어도 권한이 없으면 실행할 수 없기 때문이다. 둘째, 시험이 논서술형으로 치러져야 한다. 셋째, 논서술형 시험의 평가 기준이 명확해야 한다. 즉 여러 평가자가 채점해도 근접한 점수가 나와야 한다. 넷째, 학생들이 채점 기준(준거)을 명확히 숙지할 수 있어야 한다. 평가 기준이 너무 전문적이고 난해하면, 학생들은 감당하기 어렵다. 다섯째, 학생들이 서로 허심탄회하게 채점 결과에 대해 생각을 나눌 수 있는 관계여야 한다. 그래야 단순한 채점 훈련을 넘어 글쓰기 성장이라는 교육적 효과를 기대할 수 있다.

수업을 진행한 포산고 IB 국어 교사 김은숙은 처음에는 단순히 논서술형이라는 낯선 시험에 적응하기 위한 다양한 방편의 하나로 동료 평가를 준비했다고 한다. 그는 학생들이 이 과정을 충분히 소화할 수 있으리라 믿었다. 그 역시 다른 동료 교사들과 함께 답안지를 검토하고 점수를 산출한 후, 협의회를 거쳐 서로 점수를 맞춰 보고 토론하는 과정을 겪어 봤기 때문이다. 교사들은 서로의 점수 차가 크지 않은 데 놀랐다. 기준만 명확하면 논서술형 채점도 가능하다는 확신이 들기도 했다. 김은숙은 교사 협의회를 통해 평가에 대해 더 깊게 이해할 수 있게 되면서 평가에 참여하는 과정 자체가 학생들에게 도움이 될 것이라 믿었다. 또한 그 과정이 매우 까다로워 전문 교사나 채점관만이 감당할 수 있는 수준이 아니라는 것도 알게 되었다. 적어도 공식 채점에 참여하는 것이 아니라 수업 도구로 활용하는 것에는 무리가 없을 것이라 생각했다. 피드백에는 많은 시간과 에너지가 필요하다. 김은숙은 학생들이 서로 도울 수만 있다면, 교사가 혼자 피드백을 감당하는 것을 보완해 줄 것이라는 기대도 있었다고 한다.

학기 초에 동료 평가 수업을 시작했을 때는 한 편의 글에 대해 학생들이 채점한 점수가 천차만별이었다. 국어 외부 평가 시험1은 문제 하나에 20점 만점을 주는데, 학생들이 준 점수는 12점에서 19점으로, 그 차이가 컸다. 학생들은 채점 기준도 명확히 이해하지 못했을 뿐만 아니라 어떤 글이 좋은 글인지에 대한 이해도 떨어져 있었다. 김은숙은 채점 훈련을 지속했고, 평가 기준과 채점 방식에 대해 반복해서 설명했다. 10월이 되니 학생들의 상호 평가 결과가 놀라운 수준에 도달했다. 외부 평가 국어 시험2는 채점이 더 까다로웠는데, 30점 만점의 답안지를 채점한 학생들은 1점 차이 정도의 대동소이한 점수를 주었다.

동료 평가 수업과 높은 채점 일치도

다큐멘터리 제작진은 동료 평가 수업을 직접 확인하기 위한 촬영에 착수했다. 정식 수업으로 진행했으면 더 좋았겠지만, 포산고 IB 1기 학생들이 졸업한 직후였기 때문에 학생 다섯 명만 모아 '마지막 수업'을 동료 평가 과정으로 담았다. 답안지는 문학 텍스트를 가지고 주어진 질문에 답하는 시험 2였고, 30점 만점이었다. 학생들에게 시간제한을 주지는 않았지만, 30분 정도 지나자 모든 학생이 채점을 마쳤다. 학생들은 우선 자신이 매긴 점수를 공개하고 동료 평가를 마친 뒤 자신의 최종 점수를 확정하는 식으로 진행했다.

처음 다섯 명의 학생은 각각 25점, 26점, 27점, 27점, 26점을 부여했다. 오차는 2점 차이였다. 학생들은 모여서 왜 자신이 그 점수를 주었는지 서로 토론했다. 그런 다음 다시 최종 점수를 주었는데, 26점, 27점, 26점, 27점, 26점으로 점수 차는 1점에 불과했다. 이후 교사는 IB 채점 센터가 부여한 실제 점수가 27점이라고 공개했다. 이 과정은 실로 놀라웠다. 평범한 학생들이 매긴 점수와 채점관이 매긴 점수가 비슷하게 나왔기 때문이다. 논서술형 채점 공정성에 대해 우리가 가지고 있던 막연한 불안과 두려움이 무색해지는 순간이었다.

높은 채점 일치도는 IB의 준거가 명료하다는 것을, 동시에 그 기준을 이해하고 적용하는 것이 어렵지 않아 학생들도 따라서 채점할 수 있는 수준이라는 것을 보여 준다. IB 학생들은 이런 기준 아래에서 글을 쓸 수 있다고 생각해서인지 공정성 문제로 불안해하지 않았다.

논서술형 시험은 객관식 시험보다 더 공정하고 이상적이에요. 객관식 시험은 답이 명확하지만, 풀어서 맞춘 것인지 찍어서 맞춘 것인지 알 수가 없으니, 학생의 진짜 실력을 가늠하기 어렵지 않나요? 논서술형 시험은 찍을 수 없는 시스템이라 더 공정해요. 그런 점에서 논서술형이 더 객관적이라고 생각해요.

채점에 참여한 학생 서예지의 말처럼 학생들은 시험 점수가 자신의 능력을 얼마나 정확하게 측정하는지 피부로 느꼈다. 그 예민한 감각으로 학생들은 오히려 IB의 평가 시스템을 신뢰하고 있었다.

교사 김은숙은 평가 훈련에 외부 답안지를 가져오기도 하고, 또 학생들의 답안지를 서로 바꿔 채점해 보게 하기도 했다. 외부 답안지를 채점해 보는 이유는 채점 센터의 공식 점수와 직접 비교하면서 정확한 채점 훈련을 하고, 그 결과를 바탕으로 시험을 신뢰하고 또 시험의 방향성을 예민하게 느끼기 위해서다. 그리고 학생들의 답안지를 서로 채점하는 것은 채점 결과에 대해 학생들이 서로 활발한 피드백을 줄수 있기 때문이다.

처음에 학생들은 다른 학생의 글을 평가하는 것에 대해 망설였다고 한다. 채점은 교사가 하는 것 아닌가? 학생은 그저 점수를 받는 입장 아닌가? 김은숙은 잘 썼으면 무엇이 좋았는지, 못 썼으면 어떤 점이 부족했는지 정확하게 이야기하라고 학생들에게 주문했다. 처음에 어려움을 느꼈던 학생들은 조심스럽게 자기 생각을 전달하고자 노력했고, 다른 학생의 피드백에 적응해 나가기 시작했다. 학생들은 타인의 글을 계속 관찰하고 따져 보며 그 과정에서 얻은 생각을 자신의 글에 반영했다. 학생들은 스스로 글쓰기 능력이 일취월장했다고 말한다.

김소혜 학생

처음 할 때는 사실 상처도 받았어요. '내 글의 상태가 이렇구나'라는 현실을 받아들이는 게 처음에는 좀 힘들었습니다. 그런데 시간이 지날수록 여러 번 해 보고, 또 제가 평가하는 게 친구들을 깎아내리려고 하는 것이 아니라 도움이 되려는 진심과 열정이 담긴 시간을 보내면서, 그리고 평가 기준에 맞춰서 정확하게 하면서 조금 무던해지고 피드백을 더 정확하게 받아들일 수 있게 되었던 것 같습니다.

서예지 학생

저는 처음 동료 평가를 할 때 좀 충격이었어요. 다들 글쓰기 실력이 그리 높지 않아서 이렇게 해서 우리가 졸업할 수 있을지 고민되더라고요. 그런데 동료 평가를 계속 진행하면서 서로 피드백을 주고 선생님 수업을 들으면서 그 실력이 점점 성장해 가는 게 느껴지더라고요. 이제는 글쓰기 실력이 많이 늘었고, 또 제 글이나 다른 친구들의 글을 보면서 서로가 성장했다는 것을 느낄 수 있어요.

김덕원 학생

전에는 제가 글을 잘 쓰는 줄 알았는데 제 환상이 딱 깨졌어요. 그래서 저는 그때부터 저희 반 친구들 글을 하나하나 살펴보고 거기서 장점들만 베껴서 노트를 만들었습니다. 친구마다 장점이 있는데, 저는 그 친구들을 보면서 장점을 많이 배웠던 것 같아요. 동료 평가라는 게 평가에도 의미가 있지만, 다른 친구들의 글을 보고 그 장점을 나도 배울 수 있다는 게 되게 좋았던 것 같아요. 처음에는 내 글의 특색을 왜 남들이 인정해 주지 않을까 하고 생각했어요. 그리고 남들의 피드백을 받으면 뭔가 제 글이 가진 정체성을 잃을 것 같았고요. 하지만 결과적으로 지금 시점에서는 제 글이 개성도 갖추면서 친구들이 말했던 단점도 보완한 것 같아요. 마지막으로 시험을 쳤을 때는 결과가 굉장히 좋게 나왔고요.

김정인 학생

저는 객관적으로 글을 못 쓰는 편이 아니다 보니 모둠 안에서 글을 못 쓰는 학생의 평가를 받을 때 이것이 무슨 의미가 있을까 싶었습니다. 하지만 선생님이 항상 '밥은 못 지어도 밥맛은 알 수 있다'는 말씀을 학생들에게 자주 하셨어요. 글을 못 써도 좋은 글과 나쁜 글에 대한 감각은 모두 가지고 있거든요. 그래서 저의 부족한 부분들을 짚어 준 덕분에 더 발전할 수 있었고, 수용적 태도를 가질 수 있게 되었습니다.

학생들은 무엇보다 이 작업이 절대평가이기 때문에 가능하다고 입을 모은다. 상대평가였다면 친구들이 성장할 수 있도록 의미 있는 피드백을 주기 위해 노력하지 않았을 것이라고 말했다. 절대평가가 만들어 내는 수업 풍경은 함께 성장하자는, 그래서 서로 최선을 다해 돕자는 마음이 모이기 때문에 동료 평가의 피드백 과정이 활발할 수 있다. 촬영하는 내내 학생들의 성숙한 의사소통에 놀라지 않을 수 없었다. 시험을 바꾸면 교실이 바뀌고, 그 안에 학생들이 바뀌고 성장할 수 있다는 것을 실감하는 순간이었다.

학생들의 변화: 시험이 바뀌니 학생이 달라진다

다음은 IB 학교에 입학한 학생들의 목소리다.

A 학생
나는 자기 생각을 표현할 수 없는 수업, 질문이 많으면 핀잔을 듣고 눈치를 봐야 하는 수업에 지쳐 있었다. 대단한 행동을 한 것도 아닌데 유별나다는 말을 듣게 되는 것도 불편했다. 모두가 똑같은 생각을 하고 개성을 죽이는 방식을 따르는 게 과연 맞는 것인지 근본적인 의심을 하게 되었다. 그래서 주입식 교육과 수능 시험을 피해 대학에 갈 수 있는 방법을 찾았고, 그러다 IB를 알게 되었다. 대학 진학에 앞서 우선 고등학교 생활부터 의미 있게 보내 보자고 마음을 먹었다.

B 학생

과학고등학교 진학에 실패했다. 과학고에 가면 실험에 참여하는 등 다양한 활동을 할 수 있어서 기대했는데, 시험에 떨어지니 크게 낙담했다. 과학고는 아니더라도 나 자신이 원하는 공부를 할 수 있는 대안학교를 찾다가 IB 학교를 알게 되었다. IB를 선택하겠다고 마음먹었을 때 부모님은 처음에는 대학 진학에 불이익이 생기지 않을지 걱정을 먼저 하셨다. 하지만 내 생각이 확고해서 부모님 역시 마음을 바꾸셨다.

C 학생

어릴 때부터 공부를 잘했다. 중학교 때는 시간을 내어 영재학교에도 다녔다. 그런데 교사들의 지나친 기대감, 학우들과의 불편한 관계가 학업에 지장이 되었다. 영재학교에서는 활발했지만, 공교육에서 진행하는 공부는 부적응의 연속이었다. 고등학교 때부터는 조금 더 나 자신이 원하는 공부에 집중하고 싶었다. 그래서 동기 부여가 중요하고 친구들과의 상호 관계를 중요하게 여기는 IB를 선택했다.

D 학생

내 성적은 어중간하다. 노는 것도 아니고 공부하는 것도 아닌 어중간한 상태에서 학원만 다니고 있었다. 언니가 고등학교 시절을 보내면서 정신적으로 메말라 가는 것을 지켜보는 게 고통스러우셨던 부모님은 내가 조금 더 하고 싶은 공부를 하길 바랐고, 스스로 진로를 고민한 끝에 사회 구성원으로서 알맞은 일을 찾길 바라셨다. 부모님은 나의 고교 진학으로 여러 학교를 알아보시다가 IB를 알게 되셨다. 나 역시 원치 않는 공부에 치이지 않고 살 수 있을 것 같아 IB를 선택했다.

E 학생

성적이 안 좋고 성격도 내성적이어서 부모님이 걱정이 많으셨다. 내가 힘든 입시를 겪다가 학교를 그만두면 어쩌나 그게 가장 큰 걱정이었던 모양이다. 부모님은 내가 그저 즐겁고 건강하게 학교를 마치고, 내가 하고 싶은 일을 찾길 바라셨다. IB 학교를 알았을 때 한편으로 부모님은 IB 학교가 사회성을 너무 많이 요구하는 곳이 아닐지 걱정하셨다고 한다. 그렇지만 친구 관계가 원만한 환경만 조성된다면, 오히려 적응을 잘 하지 않을까 하는 희망도 가지고 계셨다.

F 학생

해외에서 오래 살다 귀국했다. 그리고 한국 교육의 쓴맛을 혹독하게 맛봤다. 미국에서 초등학교를 다닐 때는 우등생이었다. 하지만 한국에 와서는 상황이 바뀌었다. 한국말이 서툴러서 적응해야 하는 것도 있었지만, 무엇보다 공부와 시험 문제에 적응할 수가 없었다. 꼭 그런 공부를 해야 하는지도 의문이었다. IB 학교가 가까운 지역에 생긴다는 소식을 들은 부모님은 한국식 교육에 적응하지 않고 지낼 수 있다면, 한번 도전해 보면 어떻겠느냐고 내게 제안했다. 나는 성적에 낙심하고 있던 터라 IB 학교 진학은 반전이 될 수 있을지도 모른다고 기대했다.

G 학생

한국에서는 준비하기가 어려운 직업을 희망하다 보니 관련 공부를 할 수 있는 해외 대학을 찾게 되었다. 그러나 고등학교부터 유학을 준비하기에는 가정 형편이 넉넉하지 않았다. 그러다 IB 학교를 알게 되었다. 학교 공부만 열심히 따라가서 IB 점수를 잘 받으면 별도의 비용을 들이지 않고도 원하는 해외 대학에 손쉽게 지원할 수 있다는 점이 매력적으로 느껴졌다.

H 학생

나는 공부에 관심이 없었다. 놀기 좋아하고 친구들과 어울리고 싶어 학교에 다니는 그런 학생이었다. 교실에서는 대부분 잠을 잤다. 가끔 수업을 들으려 해도 이해할 수 없었다. 친구들을 따라가기엔 너무 늦었다고 생각했고 따라갈 도리도 없다고 생각했다. 수업 진도와 수준은 이미 가열차게 나가고 있었고, 학교의 누구도 내가 더 나은 성적을 받을 수 있도록 안내하거나 독려하지 않았다. 매번 긴 수업 시간에 앉아 있다 자는 것도 지겨운 일이었다. 내가 사는 동네에 IB 학교가 들어왔고, 별다른 의지 없이 IB 수업을 듣게 되었다.

학생들이 IB 수업을 듣게 된 이유는 천차만별이지만, 모든 사연에 공감이 갈 것이다. IB에 입학하는 대부분의 학생은 어떤 식으로든 기존 학교에 적응하지 못하고 있었다. 그런데 학교에 제대로 적응하고 고민 없이 다니는 학생이 과연 몇이나 될지를 생각하면, 이들의 모습은 지극히 평범하다고 할 수 있다. 이들은 사연이 다른 만큼 각자 다른 생각으로 IB를 선택했고, 적응 과정도 제각각이었다. 어떤 학생은 IB를 제대로 이해하지 못한 채 편하게 공부해 보자는 심정으로 IB를 선택했다가 당장의 수업 강도에 당황했다고도 한다. 하지만 자신의 선택을 후회하는 학생이나 학부모는 거의 없었다.

IB 학교 학생들은 IB가 혹독한 과정이라 말한다. 앞서 4장에서 소개한 IB 커리큘럼을 통해 알 수 있듯이, 학생들은 강도 높은 일정을 감당해야 한다. 기초 지식을 쌓기 위한 강의형 수업도 많아 이해하고 따라가야 하는 분량이 많다. 또한 토론 수업을 할 때는 사전에 읽고 준비해야 하는 자료가 많고, 수업이 끝나면 학우들의 설명과 표현, 관점들을 꼼꼼하게 정리해야 수업 결과를 자신의 것으로 만들 수 있다. IB는 과목별로 상당히 많은 범위를 다루고 있어서 정규 수업 내에 전 과정을 끝내기 어렵다. 그래서 보충 수업과 특강이 자주 개설된다.

수업 외에는 과제의 연속이다. 내부 평가를 준비하고 훈련하기 위해 여러 차례 짧은 에세이를 제출해야 하고, 발표 준비도 해야 한다. 과제 하나에 들어가는 시간도 일반 교육과정과 다르다. 한 가지 과제를 해결하는 데도 짧게는 밤늦게, 길게는 일주일을 매달려야 하는 때도 있다. 장기적으로는 외부 평가 준비도 해야 한다. DP는 거의 모든 지필고사형 외부 평가가 고3 말에 진행되는데, 수능을 준비하듯이 미리 훈련해 두어야 한다. 이런 준비가 수업과 괴리되는 것이 아니라서 수업을 듣다 보면 자연스레 준비가 이루어지도록 설계된 것은 맞지만, 시험은 시험대로 최소한의 준비를 요구한다. 보통 공교육은 IB 최종 점수 산출과 별개로 정기고사 및 수행평가로 국내 고등학교 성적을 산정해야 한다. 현재 입시에 반영되는 것도 국내 내신 성적이다. 교사들은 IB 프로그램을 이수하기 위해 필요한 과정을 중간고사 및 기말고사에 녹이고, 내부 평가 준비를 수행평가로 연계해 평가한다.

IB 프로그램은 이렇게 수업, 과제, 학교 내 평가, 입시 준비 등이 숨 가쁘게 돌아간다. 일반 교육과정에 있는 학생들은 중간고사나 기말고사가 끝나면 고3 말 때처럼 논다. 지겨운 공부를 끝냈으니 한꺼번에 몰아서 쉬는 것이다. 하지만 IB 학생들은 최종 도착지까지 계속 공부를 이어 나간다. 과제나 시험 일정은 학생에 따라 제각각이다. 학생들은 과목을 어떻게 듣느냐에 따라, 또 같은 과목이라도 하이 레벨과 스탠더드 레벨 중 무엇을 선택하느냐에 따라 다른 일정을 소화한다. 각 과목 교사가 모두를 배려할 수 없으므로 조율한다고 해도 과제가 몰릴 때를 피할 수 없다. 소논문, 외부 평가처럼 데드라인이 멀리 있는 미션은 알아서 틈틈이 준비해 간다. IB 교실 칠판 옆에는 담임 교사가 과목별로 당장 소화해야 할 일정들을 빼곡히 정리해 두곤 한다.

그 많은 일정을 어떻게 다 끝냈느냐고 물으면, 학생들은 하나같이 하다 보니 다 하게 되었다고 답했다. 그들은 공부가 휘발되지 않고 쌓이는 게 느껴져서, 또 공부의 필요성과 재미를 느끼기 때문에 힘들어도 포기하지 않고 이어간다. 외적 동기는 쉽게 무너지고 지속력이 떨어진다. 하지만 내적 동기는 누가 말려도 하게 하는 힘이 있다.

IB가 자기 관리의 끝판왕이라고 생각하는데, 제 인생 전반에서 가장 도움이 된 것 같아요. 저는 늘 아침에 스케줄을 잡는 앱으로 과제를 어떻게 처리해 나갈 것인지 계획을 세운 다음, 한 개씩 한 개씩 지워 나갔어요. 그것이 앞으로 제 인생에서, 특히 대학교에서도 큰 도움이 될 것으로 생각합니다.

포산고 졸업생 김동현의 말처럼, IB 학생들은 일찍부터 철저한 자기 관리 능력을 기른다고 한목소리로 말했다. 어떤 학생은 자신을 자발적 IB 노예라고 표현하기도 했다. 누가 시키지 않았는데 혹독한 일정을 묵묵히 수행하는 자신을 두고 하는 말이다.

학생들과 인터뷰하다 보면 교우 관계에 대한 남다른 애정을 느낄 수 있다. 강도 높은 프로그램을 따라가려면 혼자의 힘으로는 불가능하다. 학생들은 서로 도우며 많은 과제를 해결해 나갔다. 학생들은 온라인 단체 대화방에 각자 찾은 논문과 자료 등 여러 정보를 공유하며 공부 효율을 높였다. 에세이 초안이 나오면 서로 돌려 보며 1차 피드백을 주고받는다. 어떤 학생은 배운 지식을 이해했는지 확인하는 문제를 직접 만들고, 또 그것을 학습지로 묶어 다른 학생들에게 공유하기도 했다. 표선고 학생 한 명은 시험에 자신이 친구들에게 가르쳐 준 내용이 나오자, 친구들이 잘 풀 수 있을지 걱정과 기대를 했다고 한다. 이처럼 IB 학생들은 특정 과목이나 부분에 취약한 학생이 생기면 그 학생을 끌어올리기 위해 여러 친구가 붙어 다각적으로 돕는다. 취약한 부분이 생기면 친구들이 도울 것이라는 믿음은 정서적 안정을 가져다준다. 이 과정에서 어떤 학생은 친구들이 가족이나 형제 같다고, 또 어떤 학생은 전우 같다고 말했다.

경북대사대부고 졸업생 최형빈은 중학교 시절 '코로나나우'를 만들어 세상의 주목을 받았고, 고등학교 시절 빅테크 기업에 합격하기도 한 수재다. 그는 학업과 실무를 모두 경험하고 싶어 IB 학교를 선택했다. 최형빈은 학교 친구들과 힘을 합쳐 현실에서 사용 가능한 플랫폼을 개발하기도 했는데, 그가 기억하는 가장 행복했던 순간은 수업에서 친구들과 다양한 활동을 한 과정들이라고 말했다. 무엇보다 그는 학교에서 경험한 일들이 앞으로 세상을 살아가는 데 큰 도움이 될 것이라 믿었다.

학생들은 미성년자이고 사회 경험이 많지 않기 때문에 사회적 관계를 만들고 풀어 가는 데 미숙하다. 그래서 복잡하고 치열한 상황에서 서로 돕는 것을 배우는 것은 큰 자산으로 남는다. 아무리 협력하려 해도 각자의 일정을 조율해야 하고, 때로는 양보하고 때로는 자기 견해를 설득해야 한다. 그 과정이 순탄하지만은 않다. 학우 간에 접점이 많아지면 갈등과 분쟁이 생기는 일도 잦아지기 마련이다. 사회를 경험한다는 것은 사실 특별한 노하우를 배운다기보다는 다양한 상황을 겪어 낸다는 것을 의미할 텐데, 그 과정을 IB 학생들은 고등학교 시절에 배운다. 일본 도쿄 쓰쿠바대학 부속 사카도고등학교에서 IB 프로그램을 총괄하는 혼큐 야

스유키는 학생들이 IB 수업을 함께해 나가는 것은, 감동적인 교우 관계를 만들어 가는 일이라기보다는 어른들처럼 건조한 사회생활을 합리적으로 풀어나가는 일에 더 가깝다고 했다.

> 자신만 앞세워서는 진전이 없습니다. 다른 사람과 어떻게 협력해 나가는지가 중요합니다. 관계를 맺다 보면 갈등이 생기거나 자기 생각이 좀처럼 다른 사람에게 전달되지 않는 경우가 있습니다. 그런 것들은 오히려 사회인 측면에서 보면 어른들이 평범하게 일하는 것과 같습니다. 일을 해야만 한다는 것이 우선 대전제로 깔려 있으니까 다른 사람을 인정해야만 하는 것이죠. IB DP는 특히 성과를 요구하기 때문에 사회적 관계를 맺는 것과 유사한 과정이라 생각합니다.

IB 학교의 분위기는 다른 일반 학교에 비해 원만하다. 예민한 신경전도, 교묘하게 사람을 괴롭히는 언어폭력도, 또 신체적 폭력도 잘 발생하지 않는다. 교육과혁신연구소 소장 이혜정은 IB 학교 교장단 회의에서 만난 일본의 IB 학교 교장에게 IB 도입 후 가장 달라진 한 가지를 뽑으라면 무엇이냐고 물었다. 그러자 그는 학교에 '이지메Bullying'가 없어진 것이 가장 달라진 점이라고 대답했다.

교육 심리학을 연구해 온 도쿄 세이토쿠대 교수 이시쿠마 도시노리는 이지메를 '어떠한 공격이나 행위로 인해 학생이 심신의 고통을 느끼는 상황'으로 정의했다. 과거에는 강한 자가 약한 자를 계속적, 반복적으로 공격을 가해 피해자가 심신의 고통을 느끼는 상황이라고 규정했는데, 이 규정이 너무 협소해 범위가 넓어졌다고 한다. 피해 상황을 폭넓게 인식하고 대응하려고 한 것이다. 하지만 현실에서는 이지메를 줄이는 것이 더욱 어려워지고 있다. 과거 이지메는 주로 학교 안에서만 일어나는 현상이었지만, 온라인 영역이 발달하면서 괴롭힘이 학교 밖에서도 일어나고 있기 때문이다. 그에 따라 이지메가 발생하는 현장을 단속하는 것도 쉽지 않아졌다. 그래서 전문가들은 이미 문제가 발생한 후 대응하기보다는 생각의 인식을 바꾸는 것이 더 중요하다고 한목소리로 말한다.

일본 정부는 '학생지도제요'를 만들어 이지메 대응 가이드를 만들었다. 그런데 심각한 상황이 발생했을 때 대응하는 3단계나 어려움을 겪는 학생을 조기 발견하고 대응하는 2단계보다는 다양성을 존중하고 타인에게 위해를 가하지 않는, 인권 및 시민 의식을 높이는 1단계 예방 조치를 더 강조한다. 다원성을 중요하게 여기며 의사소통 능력과 협동심을 신장시키면서 자연스럽게 교우 관계를 발전시키는 IB 교육은 이지메 감소에도 긍정적인 역할을 하고 있다.

학교 폭력은 우리 사회에 큰 문제로 대두되는 현상 중 하나다. 학교 폭력 발생률을 따져 보면 대입 성적이 좋은 학교에서 더 많이 발생하고 있는 것이 사실이다. 집안 배경이나 성적으로 타인을 무시하거나 혐오하는 일들이 벌어지는 것을 보면, IB 학교가 보여 주는 평화롭고 안전한 공간이 기존의 학교 공간과 얼마나 큰 차이를 보여 주는지 알 수 있다. 2024년 IB 1기로 졸업한 표선고 학생 부지우의 말은 IB가 학교 문화 자체를 크게 바꾸었다는 것을 실감하게 한다.

저는 졸업하기가 정말 싫었거든요. 제가 언제 또다시 이렇게 남의 행복을 빌어 보고, 또 나의 행복을 빌어 주는 사람들이랑 만날 수 있을까 싶은 생각이 계속 들었어요. 왜냐하면 학교에서는 친구들이 서로의 잘됨, 서로의 행복을 너무 응원해 주고, 또 선생님들도 마찬가지로 무조건 저희의 행복만을 바라시는 분들이셔서 제가 언제 이런 사랑을 또 받아볼 수 있을까 싶어요. 선생님들과 친구들과 이제 헤어진다는 사실에도 힘들었고, 그래서 졸업하는 것도 힘들었던 것 같아요.

교사들의 변화: 교권을 되찾다

얼마 전까지만 해도 사교육 강사는 유능하지만, 학생에게 존경은 못 받는 이미지였다. 학교 선생님을 하다가 사교육에 뛰어든다는 건 교사로서의 명예를 내려놓는다는 의미였다. 하지만 시험 기술자로 보였던 사교육 강사들이 지식을 쏙쏙 넣어 주는 테크니션을 넘어 이제는 인생의 지혜를 가르쳐 주는 멘토 역할까지 하고 있다. 유튜브에는 일타 강사들이 학생들에게 공부를 어떻게 해야 하는지부터 삶을 어떻게 살아야 하는지까지 알려 주는 클립들로 넘친다. 예능 〈티처스〉의 출연진은 전지전능해 보이기까지 한다. 강사의 말 한마디에 패널과 출연한 학생, 학부모의 탄성이 쏟아진다. 드라마에서도 학생들의 상대역은 학교 교사에서 학원 강사로 바뀌었다. 사교육 전성시대에 일선 학교 교사의 자리는 없어 보인다.

공교육에 몸담은 교사는 무력해 보인다. 일단 그들은 학문적 이해를 키우는 일과 문제 풀이 능력을 키우는 일 사이에서 혼란스럽다. 사람들은 후자를 더 요구한다. 풀이 기술, 공략법, 입시 전략, 편법 등이 학생과 학부모의 관심사다. 지금의 교육 환경은 구조적으로 사교육 강사가 승리하도록 판이 짜여 있다. 모두가 같은 것을 공부하고 같은 문제를 푸는 전국 단위 시험이 있는 세계에서, 인터넷 강의가 발달한 한국에서, 최고의 스태프로부터 지원을 받는, 혹독한 경쟁에서 살아남은 소수의 명강사를 평범한 교사가 이기긴 어렵다.

학교 교사들은 연초가 돼서야 몇 학년을 맡을지 알게 된다. 빡빡하게 수업에 들어가야 하고, 매년 만 건이 넘는 공문을 처리해야 한다. 거기에 매년 네 차례 시험 문제를 내야 한다. 출제한 문제는 국가교육과정평가원이 공들여 낸 문제와 비교된다. 시험 문제에 하자가 있으면 교사 개인이 맨몸으로 민원을 감당해야 한다. 이렇게 수업과 평가 어디에서도 존재감을 찾을 수 없는 교사들은 내신 성적과 세부 특기 사항의 작성 권한을 들고 학생들에게 최소한의 통제와 마땅한 존중을 요구하기도 한다.

"선생님, 저 정시 파이터인데요. 저 수능 못 보면 책임지실 거예요?" 교사는 학생들의 이런 반응에 무너진다. 책상에 엎드려 자는 학생이 공부를 포기한 것인지, 하교 후에 학원에서 전력을 다하는 것인지 알 수 없다. 그러다 보면 일어나라 깨우는 게 맞는지도 모르겠다. 초임 때 지녔던 활기는 시간이 지날수록 사라진다. 유능한 교사는 꽉 막힌 틀 속에서 질식당하는 기분을 더 크게 느낀다. 무엇을 해보려 해도 무수히 많은 세부 지침을 지켜야 한다. 또한 같은 학년 동일 과목 교사들의 동의를 받아야 자신이 원하는 수업을 만들어 갈 수 있다. 한국 교육 환경에서는 중간고사, 기말고사의 시험 문제가 모든 반에서 동일하게 출제되어야 하기 때문이다. 그 틀을 깨는 것은 쉽지 않다. 누구는 달리고 싶고 누구는 멈춰 서 있고 싶은데, 모두 같이 묶여 있어 옴짝달싹하기 어렵다.

이런 상황 속에서 혁신학교가 만들어지고 새로운 교육을 해 보자는 교사들이 의욕적으로 수업을 바꾸었다. 좋은 수업에 학생들이 몰리기도 했다. 하지만 대학 입시 앞에서 많은 것이 무색해진다. 학생을 아무리 유능하게 만들어도 결과는 수능 성적이 말해 준다. 문제 풀이로 돌아올 수밖에 없다. 내신에서 새로운 시험 방식을 도입하더라도 공정성 문제를 감당하지 못하고 표류하기 십상이다. 혁신학교는 나름의 성과를 내왔지만, 대안으로서 꽃을 피우지는 못했다.

2019년 IB가 도입된 이후 교사들은 IB가 대안이 될지 의문이었다. IB라는 말도 낯설었고 새로운 것을 시도하다 또다시 좌절하고 싶지도 않았다. 그래도 한번 해 보겠다는 교사들이 학교에 남았고, 다른 학교에서 온 지원자도 있었다.

제주 표선의 IB 학교들을 종단 연구한 보고서에 따르면,

학생, 학부모, 교사의 만족도가 모두 높았는데 교사의 스트레스 지수는 낮아지지 않았다. 그런데 특이한 사실은 스트레스의 종류가 달라졌다는 점이다. 전에는 스트레스 원인이 ① 교내 질서 유지 어려움, ② 학부모 민원 처리, ③ 행정 업무 과다였다. 그런데 IB 도입 후에는 ① 학업 성취도 제고, ② 수업 설계 고민, ③ 저학력 학생의 학업 능력 향상 방안 마련 등으로 달라졌다. 이는 교사 본연의 역할로 힘이 들었다는 의미다. 그러나 이것도 잠시뿐, IB 프로그램에 적응한 교사들은 시간이 지날수록 스트레스가 점점 줄어든다고 말한다. 교사들에게 IB 수업을 한다는 것은 긍정적인 성장통처럼 보였다.

학교 현장에 가면 당장 교사를 보는 학생들의 눈빛이 다르다는 것을 느낄 수 있다. 일단 수업 시간에 자는 학생이 없다. 학생들 스스로 수업을 듣고 따라가면 성장할 수 있다는 것을 체감해서다. 그것이 교사에게는 큰 힘이 된다. 자신을 통해 학생이 성장하는 것을 보는 것만큼 교사에게 보람된 일은 없다. 교사들에게는 IB 과정이 이루 말할 수 없는 성취감을 느끼는 순간들이다. 그런 수업이 가능해지려면 교사가 활약할 시스템이 갖추어져야 한다. 교사에게는 인권과 더불어 학생들을 가르칠 교육권도 있어야 한다. IB에서는 수업 주제나 소재와 관련해 많은 부분을 교사가 정한다. 공식 교과서Textbook가 없기 때문에 다양한 교재Teaching materials 를 활용할 수 있고, 수업 설계를 다채롭게 할 수 있다. 그래서 다수가 균질한 내용을 들을 때 경제성이 생기는 사교육이 끼어들기 어렵다.

교사가 독립적으로 활동하지만, 동료 교사들과의 협력 관계는 더 높다. 당장 산정한 내신 점수가 IB 본부로부터 조정되지 않기 위해서는 많은 협의가 필요하다. 그 과정에서 교사들은 스스로 성장한다는 것을, 또 보호받고 있다는 것을 느낀다. 전보다 더 자유를 느끼면서도 통제받고 있고, 독립적이면서도 더 소속감을 느끼는 모습이 IB 학교에서 살아가는 교사들의 전반적인 모습이다.

수업이 교사의 자율성을 기반으로 이루어지기 때문에 그만큼 많은 준비와 노력이 필요하다. 정해진 포맷을 매년 반복하는 식으로 수업을 이어 나가기도 쉽지 않다. 학생들이 바뀌면 수업의 모든 것이 바뀌기 때문이다. 학원이 IB 학교를 따라가기 어렵듯이, 교사도 그만큼 책임감을 느끼고 남다른 노력을 기울여야 한다. IB 교사들은 수업과 학생 지도에 많은 시간을 쏟고 있다. 20년 넘게 일해 온 한 교사는 "교직 경험이 많을수록 또 직위가 높아질수록 공문 처리와 같은 대외 업무, 학교 운영 등에 많은 시간을 쓰게 된다. 그래서 학교 업무를 잘하는 게 경력의 증거처럼 착각하기 쉽다. 그런데 IB 도입 후에는 수업에 집중하게 되었다"고 말한다.

교사들은 학생들에게 개별 피드백을 주는 데 상당히 많은 시간을 쓰고 있다. 교무실은 학생들로 늘 붐볐다. 학생들이 수시로 찾아와 수업에서 이해하기 어려운 것을, 자신이 진행하는 프로젝트가 막히는 것을 두고 교사에게 묻기 때문이다. 교사들은 여러 질문을 역으로 던지고, 어떤 고민을 하면 좋을지 차분히 설명해 나간다. 정답을 배우기보다 생각할 힘을 기르는 것을 중시하다 보니 학생들은 깊은 고민을 안고 교무실을 나선다. 교사들은 고단할 수밖에 없다. 하지만 이 과정에서 학생들의 성장을 피부로 느낀다. 한 교사는 "피드백은 힘들어도 끊지 못하는 게 꼭 중독 같다"고 말했다. 학생들을 일방적으로 지도하는 관계에서 벗어나 학문적 동반자로 깊게 대화를 나누다 보면, 교사와 학생 사이는 좋아질 수밖에 없다.

누군가는 교사의 권위가 흔들릴 것이라고 걱정하기도 한다. 실제 표선고의 IB 교사들은 교직 생활이 아직 짧은 편이다. 그래서 몇몇 교사에게 수업에 어려움은 없는지 물어봤다. 당장 권위가 무너지지 않을까를 염려할 것으로 짐작했는데, 표선고의 국어 교사 고은하는 그야말로 우문에 현답을 내놓았다.

학생들이 저와 만나는 시간이 일반 학교에 비해 늘어나다 보니까 더욱 편하게 여기고 있어요. 관계도 교사와 학생이 수평적인 구조로 이루어져 있습니다. 교권이라는 부분을 봐도 서로 친밀한 관계가 될수록 서로 존중한다는 점에서 교권이 오히려 신장했다고 생각합니다.

시험을 진행하는 풍경도 일반 학교와 상당히 다르다. 논서술 시험으로 바뀌면서 교사는 학생들의 수준을 더 세밀하게 알 수 있게 됐다. 객관식 평가는 학생의 수준을 점수로 제공하지만, 그 이상의 정보를 주지 못한다. 맞았어도 알고 맞았는지 아니면 찍어서 맞았는지, 틀리면 아주 모르는지 실수로 틀렸는지 알 수 없기 때문이다. 하지만 논서술형 평가는 학생을 이해하고 피드백에 참고할 풍부한 정보를 제공한다. 어떤 문제가 있는지, 무엇을 고쳐야 하는지 알려 주면 학생은 더 빨리 성장할 수 있다.

채점하고 조정하는 과정에서 학생 개개인의 특성을 잘 파악할 수 있어요. 그것이 엄청 좋은 점 중의 하나입니다. 단순 점수로만 환산했을 때, 그 학생에 대한 이해도는 사실 떨어질 수밖에 없거든요. 그런데 이런 특징이 있구나, 이런 문체를 쓰는구나, 이 부분이 부족한 상태구나 등 학생 개개인의 성향을 파악해 개별화 교육을 추가할 수 있습니다. 그리고 피드백하는 과정에서 그 자체로도 이미 학생들과 많은 라포르를 형성합니다. 그런 점이 제일 좋은 것 같습니다.

경북대사대부고 교사 이재호의 말처럼, 교사들은 절대평가로 바뀌면서 심적 부담이 줄었고, 무엇보다 학생들을 대하는 태도가 달라졌다고 말한다. 보통 시험 기간 중에 교사들은 출제에 관해 말을 아낀다. 공정성 문제에 예민해서이기도 하고, 변별력을 위해 정보를 제공하는 데 망설이기도 해서다. 그래서 학생들이 이것저것 물을 때 방어적으로 된다. 하지만 IB 학교에서는 변별보다는 학생의 성장에 포인트를 둔다. 누구든 좋은 성과를 내면 그 자체로 만족스러운 결과이기 때문에 학생과 밀고 당기는 줄다리기를 할 필요가 없다. 어느 교사는 한 시험에서 학생들의 평균 점수가 90점 이상 나와서 무척 기뻤다고 말한다. 일반 학교였으면 곤욕을 치를 일이다. IB 학교에서 좋은 결과는 교사가 수업을 잘 설계해 많은 학생이 목표에 많이 도달했다는 뜻이다. 불필요한 변별력 게임을 하지 않는 것이 교사를 행복하게 만들고 있었다.

대구교육청에서 영어 수석 교사로도 활동하고 있는 교사 장밝은에게 물었다. IB가 아무래도 교육청에서 추진하는 핵심 사업인 만큼 유능한 교사들이 뽑혀 오는 것은 아닐까? IB 학교에서 일어나는 수업 혁신도 일종의 '우수 교사 선발 효과'는 아닐까? 좋은 교사들이 모여 있기 때문에 좋은 수업이 가능한 것은 아닐까? 이와 같은 질문에 그는 인상적인 답변을 내놓았다.

제가 대구에서 영어 교사 중 수석 교사니까 정말 많이 연구하고 교과에 대해서도 잘 알잖아요. 그런데 IB가 들어오기 전에 우리가 그걸 못했단 말이에요. 그것이 뭘 말할까요? 국가 교육과정 안에 있는 수업도 IB 수업만큼이나, 어쩌면 더 노력을 기울이는데 왜 여기서는 그런 결과가 나오지 않을까요? 애들은 왜 영어를 점점 싫어하고 실력이 는다는 느낌이 전혀 들지 않을까요? 시스템이 없으면 아무리 교사 개인이 유능해도 할 수 있는 것에 한계가 있다는 거예요. 그런데 시스템이 있으면 유능한 교사들은 그 안에서 꽃을 확 피우는 것이고요. 조금 덜 유능하신 분들도 시스템이 있으니까 따라가는 거예요. 사람에게 의존할 게 아니라는 거죠.

IB 학급은 개학 첫날부터 방학하는 날까지 수업을 한다. 일반 학급에서 수업 첫날은 당연히 수업을 하지 않는 것으로 생각한다. 그날 수업을 하면 말 그대로 난리가 난다. 장밝은은 일반 학급에서 기말고사가 끝나고 방학까지 2주 기간에 의미 있는 활동을 하려고 여러 가지 프로그램을 준비했다가 그만둔 적이 있다고 한다. 학생들이 하기 싫어했기도 했고, 학생들이 너무 지쳐 있기도 했기 때문이다. 그런데 IB 학생들은 시험 직후에 수업하는 것을 자연스럽게 받아들인다. 왜 이런 차이가 생기는 것일까? "왜 책이 없니?", "똑바로 앉아라.", "왜 엎드려 있니?" IB 학급에서는 교사가 이런 말을 할 필요가 없다. 여기서는 오로지 공부에 집중할 수 있는 환경이 만들어진다.

〈교실 이데아〉 방송이 나간 후에 비판적인 댓글도 많이 달렸다. 그중 가장 많은 반응은 'IB가 아무리 좋은 교육 프로그램이어도 한국 교사로는 실행하기 어렵다'였다. 평생 주입식 교육을 받고 객관식 상대평가 체제를 겪은 다음 살벌한 임용고시를 통과해 오면서 이상적인 수업을 할 수 있는 자질이 거의 다 없어졌다는 것이다. 하지만 아이러니하게도 IB 한국어화와 공교육 도입 결정 과정에서 IB 본부가 가장 높이 평가한 부분이 한국 교사들의 뛰어난 전문성이었다. 일단 한국 교사들은 수업 내용만큼은 철저하게 이해하고 있다는 뜻이다.

미국의 저널리스트 아만다 리플리는 『무엇이 이 나라 학생들을 똑똑하게 만드는가』에서 미국에는 S.A.T 전국 평균 이하의 점수를 받고도 교사가 된 사람이 360만 명이나 된다는 점을 지적했다. 한국과는 완전히 다른 상황이다. 한국의 교사 능력은 전 세계적으로 봤을 때 무척 뛰어난 수준이다. 창의적인 수업도 내용을 알아야 만들어 갈 수 있는데, 한국 교사의 기초 역량이 뛰어나다는 것은 수업이 꽃을 피울 좋은 토양이 있다는 의미이기도 하다. 이제 교사들에게 주어진 것은 교과 내용 전문성을 넘어 수업 전문성, 평가 전문성을 키워 나가는 미션이다.

IB 본부에서 주관하는 경기도교육청 교원 양성 연수에는 IB 수업을 준비하는 경기도 교사들이 모여 수업과 평가 등을 배우는 과정이 있다. 이곳에서 교사들은 새로운 교육 패러다임을 위한 여러 준비와 훈련을 한다. IB의 가장 큰 장점은 다양한 교사 연수 프로그램이 축적되어 있고, 그것을 언제든 활용할 수 있다는 점이다. 수업과 평가 전반을 아우르는 교육과정이 수준별로 다양하게 구성되어 있어 교사는 자신에게 필요한 것을 들으면서 성장할 수 있다. 채점 연수를 예로 들면, 참가자들이 전문가의 강의를 듣고 수많은 샘플 답안지를 직접 채점해 보고, 또 동료 참가자들과 토론하면서 시스템을 충분히 흡수하도록 설계되어 있다.

경기도교육청은 교사들을 변화시킬 교사 리더들을 내부적으로 육성하려는 의지가 강하다. 경기도 규모가 큰 만큼 IB 전환을 제대로 감당하기 위해서는 내부적으로 교사들을 직접 성장시키는 시스템을 구축할 필요가 있기 때문이다. 그 목적으로 진행된 IB 교원 연수는 장기간 강도 높게 진행된다. 현장에서 만난 IB 교원 양성 프로그램 책임자 캐시 사빌은 한국 교사들의 변화에 큰 기대를 보였다.

한국 교사들은 놀라울 정도로 지식이 풍부해요. 아주 열정적이고 열심히 배우고 싶어 합니다. 연수 현장에서 때로는 교사들이 주저하기도 합니다. '아니 난 그렇게 못해'라고 말할 수 있지만, 다른 교사들이 하는 것을 참관하면 '어쩌면 나도 할 수 있겠는데'라는 생각이 드는 거죠. 교사들은 열린 마음으로 질문하고 있고 또 정확히 알아야겠다는 마음이 강하게 있습니다. 그렇게 따라가다 보면 나도 가능하다는 것을 느끼게 됩니다. 이미 교사 중에 상당수가 큰 변화를 이루어 내는 게 보입니다. 그것을 자신의 교실에서 적용할 수 있기를, 또 다른 교사들에게도 전파하기를 기대하고 있습니다.

교육청과 교사들은 이렇게 교육의 질적 전환을 준비하고 있다. 다만 이상적인 교실을 구현하는 데 있어 교사들의 피로감을 무시해서는 안 된다. IB 도입 초기 교사들의 스트레스 상승은 적응 단계로 볼 수 있고 또 시간이 지나면 해소되겠지만, 그 이상을 상시로 감당하게 해서는 안 된다. 서울대 영어교육학과 교수 소영순은 일선 IB 교사가 피로를 호소하는 경우를 자주 본다며, 수업 진행 외에 말하기, 쓰기 피드백까지 제공해야 하는 교사가 만약 많은 학생을 담당해야 한다면 수업이 제대로 이루어질 수 없을 것이라 지적했다.

교육통계서비스KESS에 따르면, 우리나라는 교사 1명당 일반고 학생 수가 10.9명으로 OECD 평균 13명보다 적어 우리 교육 여건이 선진국 수준이라는 식으로 말하곤 한다. 그런데 이때 교사가 맡는 학생 수는 학교 전체 학생에 모든 교사 수를 나누어 산정한다. 여기에는 보건교사나 비교과 교사까지 포함된다. 실제로 교사가 감당하는 학생 수는 그보다 훨씬 많다. 이런 여건에서 이상적인 수업이 가능할까? 만약 IB 프로그램이 몇 개의 학교가 아닌 전국 단위로 도입된다면 어떻게 감당할 수 있을까? 한 과학 교사는 IB 수업을 정상적으로 운영하기 위해서는 교사가 맡을 수 있는 최대 학생 인원이 30명을 넘지 않아야 한다고 말했다. 하지만 일반 교육과정에서 과학 교사가 고1은 300명, 고2는 100명, 고3은 60명을 가르치고 있다. 즉 교사가 많은 학생을 두루 가르치기보다는 적은 인원을 집중해서 맡는 조직화도 필요하고, 교원 수의 유지와 증원도 고민해야 한다.

근래 학령 인구가 줄어들어 학생들에 대한 내실 있는 교육이 가능해졌다고 하지만, 수업 체계를 바꾸지 않으면 교사들이 짊어져야 하는 부담은 앞으로도 커질 수밖에 없다. 게다가 학생 수 감소를 고려해 당장 교직원 정년에 따른 결원 보충을 70퍼센트 이내에서 맞추려는 논의가 진행 중이다. 그러나 교사 트라우마를 연구해 온 티파니 너터에 따르면, 교육과정이 더 예민해지고 그에 따라 책임이 과중해지면서 스트레스와 우울감, 불안을 느끼는 교사들이 전세계적으로 많아지고 있다. 교사 수 부족 또한 심각한 현상인데 한국은 당장 교사 인원부터 줄이려 하고 있다.

교육의 목표가 달라지면 학생을 바라보는 시각이 달라져

야 하고, 학생을 키우는 교육 체계, 교사의 배치와 지원도 달라져야 한다. 그런데 우리 교육은 과거 논리에 맞춰 학생들을 가르치게 하고, 그 기준으로 이제는 교사가 남아돌 것이라고 말한다. 인구 절벽 시대에 우리는 교사들이 학생 한 명, 한 명을 놓치지 않고 최선을 다해 가르치게 할 여건을 만들어야 한다.

학부모들의 변화: 경제적 부담에서 해방되다

교육은 주로 학생과 교사 간의 관계 속에서 이루어지지만, 한국 교육의 현실에서는 학부모도 중요한 참여자다. 당장 사교육을 감당해야 하는 건 부모의 몫이다. 인구 급감의 주원인으로 교육비 부담이 언급될 만큼 부모의 심적 경제적 부담이 매우 큰 게 우리의 형편이다. 다큐멘터리 취재진은 IB 학교에 다니는 학생과 학부모에게 사교육을 어떻게 받고 있는지 물었다. 그들의 대답은 'IB에는 사교육이 필요하지 않다'는 의견과 'IB에도 사교육이 필요하다'는 의견으로 나뉘었다.

먼저 사교육이 필요하지 않다는 의견은, 학교 공부만으로 충분하므로 따로 공부할 필요가 없다는 데 방점이 찍혀 있었다. 그들은 문제 풀이 요령을 배울 게 아니라면 학원을 가지 않아도 된다고 말했다. 실제 IB 학교 인근에서 IB 학생을 대상으로 이루어지는 사교육 시장은 없었다. 학생들도 필요를 못 느꼈다. 한편 사교육이 필요하다는 의견은 IB 수업을 따라가려면 기초 학력을 기르기 위해 별도의 공부가 필요하다는 것이다. IB 프로그램의 난도가 높으므로 수업을 따라가는 것은 쉬운 일이 아니다. 부족한 공부를 학교에서 다 해결할 수는 없다. 말하자면 초등학교에서 성적이 부진한 학생들이 방과 후에 '나머지 공부'를 하던 것처럼 사교육이 보충적 역할을 해 준다는 것이다. 사교육을 바라보는 두 의견 모두 합리적인 이유다. 이런 사교육이라면 우리가 거부감을 가질 필요가 없다. 우리가 흔히 생각하는 사교육 중심의 세계가 아니기 때문이다. 교사 장밝은은 사교육에 대해 두 가지 기준을 가지고 바라봐야 한다고 말한다.

① 사교육 없이도 고득점이 가능한가?
② 사교육은 미래 사회 역량을 대비하는 역량을 길러 주는가?

사교육을 받지 못할 때 고득점이 어려워지는 구조라면, 사교육 시장은 폭증하게 된다. 수능의 최고 난도 문제가 학교 교육으로 감당할 수 없는 수준이 된다면 학생들은 학원을 찾는다. 학원에서 신묘한 기술을 배우면, 수능은 이를 '극복'하기 위해 학교에서 감당하기 어려운 문제를 더 만든다. 그 결과, 학생들은 더욱더 학원을 찾는다. 이렇게 악순환이 발생하고, 사교육비 폭증이 계속된다. 현실에서는 학생의 성적이 좋을수록 부모가 더 큰 사교육비 부담을 안게 된다. 그런데 기초 학력을 기르는 문제는 차원이 다르다. 기초 학력은 학교가 보충 수업 등을 통해 채워 줄 수 있다. 만약 그것이 충분하지 않으면 학원도 하나의 필요한 선택이 될 수 있다. 이 흐름은 공교육을 보완하는 것이지 파괴하지 않는다. 학부모의 경제적 부담 또한 가중되지 않는다.

한국의 대입 학원들은 공교육이 길러주지 않는 미래 역량을 나서서 길러주지 않는다. 우리는 사교육의 위세를 크게 보지만, 실제로 사교육은 공교육을 따라가기 마련이다. 그래서 공교육이 미래 역량을 길러 주지 못하면, 공교육을 따라가는 사교육 역시 미래 역량을 길러 주지 않는다. 즉 쓸모없는 에너지를 한 번 더 쓰는 것이다.

IB 학교를 보면 사교육의 쓰임새를 잘 이해할 수 있다. IB

는 고득점을 받는 데 사교육 효과가 발휘되기 어려운 구조다. 중국 상하이 IB 국제학교의 사교육 현황을 연구한 한 보고서에 따르면, 해당 학교에 다니는 학생들은 상당히 부유해서 사교육비 부담을 느끼지 않는데도 사교육을 별로 받지 않았다. 특히 성적이 상위권인 학생 대부분은 사교육을 받지 않았고, 그들보다는 기초 학력이 모자란 중하위권 학생들이 수업을 따라가기 위해 사교육을 받았다. 이는 IB가 고득점을 위해 사교육을 유도하는 한국의 교육 환경과 다르게 작동한다는 것을 의미한다. 만약 공교육에서 미래 역량을 길러 주는 방식으로 환경이 바뀌면, 사교육도 더 좋은 역할을 할 것이다.

많은 부모가 IB 학교에 자녀를 보냈을 때 어떤 도움을 주어야 하는지 묻는다. 그에 대한 대답은 "부모가 도와줄 일이 딱히 없다"이다. 맥 빠지는 대답일 수 있지만, 사실 부모가 가장 원하는 이상적인 대답일 것이다. 공부는 학생 스스로 하는 것이고, 도움은 학교 교사가 주면 된다.

사교육비를 부담하는 것 외에 부모가 주로 하는 역할은 자녀의 멘탈을 관리하고 공부를 독려하는 일이다. 이를 위해 직장을 그만두는 엄마들도 많다. 하고 싶은 것 많은 자녀를 설득해 공부하라고 다그치는 일, 성적이 안 나와도 조금 더 해 보자고 응원하는 일이 부모가 제일 많이 하는 일이다. 그러나 IB 학교를 보낸 학부모들은 이 역할에서 해방된다.

학부모로서 가장 좋아진 것은 더는 자녀와 공부 문제로 실랑이하지 않게 되었다는 것이다. IB 학생들은 학교 수업에 열의가 있고 자기 관리를 하며 스스로 노력하는데, 부모는 그런 자녀의 모습을 보는 것만으로도 흐뭇하다. 열심히 살아가는 자녀에게 말을 더 얹을 필요가 없다. 자녀가 무슨 일이든 잘해 나갈 수 있을 거라 믿으면 부모의 마음은 편안해진다. 자녀가 최선을 다하는데 왜 결과가 이것뿐이냐고, 왜 더 열심히 하지 않느냐고 다그친다면, 그건 자녀가 아니라 부모가 문제인 것이다.

IB 학교의 학부모가 자녀의 공부를 전적으로 신뢰하는 데는 학교 공동체가 주는 힘이 크다. 경북대사대부고 학생 박진용은 보통 밤 9시 30분에 하교한다. 일반 학교 학생들이 오후 4시 넘어 하교하는 것에 비하면 꽤 늦은 시간이다. 박진용이 학교에 오래 있는 이유는 공부의 대부분을 학교에서 해결하기 때문이다. 과제가 워낙 많다 보니 방과 후에 많은 시간을 할애해야 한다. 그리고 이 과정에는 언제나 교사가 함께한다.

어느 날 딸에게 전화가 와서 받았더니 잘못 눌린 거더라고요. 전화기 너머로 친구들과 얘기하는 목소리가 들렸어요. 아이가 내성적이라서 평소 말수가 적은데, 조용한 게 아닌 거예요. 친구 얘기를 듣고는 자기는 이렇게 저렇게 생각한다면서 얘기를 하는데, 저는 거기서 정말 감동했어요. 서로의 얘기를 귀담아들을 줄 알고 서로 도와주는 것이 중요한데, IB 학교는 그런 점에서 참 좋은 것 같아요. 다양한 친구가 서로 기다릴 줄 알고 도와주는 것이 중요한 것 같아요.

한 부모의 말이다. 부모들은 친구 간의 예민한 신경전과 다툼을 걱정하지 않는 것도 긍정적인 변화라고 말한다. 청소년기는 친구 관계가 학업에 많은 영향을 미친다. 그래서 복잡한 심리적 갈등으로 공부에 손이 잡히지 않는 일도 많다. 하지만 IB 학교는 서로 협력하는 과정이 많다 보니 외로움을 느낄 일도 줄어든다. 부모들은 자녀들이 학교에 다닌 다음부터 정신적 안정감을 찾았다고 한목소리로 말한다.

6장

IB, 한국 공교육에 들어오다

대한민국의 IB 공교육 도입

IB 공교육 도입은 상당히 극적인 여정을 담고 있다. 낯설고 새로운 국제 프로그램이 어떻게 한국 교육의 대안으로 떠오르게 되었을까? 그리고 어떻게 한국어화가 실현되었을까? 처음 IB를 한국 공교육계에 소개한 사람은 교육과혁신연구소 소장 이혜정이다. 물론 그가 교육 방안을 제안하기 전에도 국제학교, 외국인학교, 경기외고 등 일부 학교가 IB 프로그램을 도입하고 있었다. 하지만 해당 학교는 모두 영어를 기본으로 IB를 운영하고 있어서 확장성이 떨어질 수밖에 없었고, IB를 공교육 혁신의 모델로 삼자는 논의까지 나아가지는 못한 상황이었다. 그런데 이혜정이 『대한민국 시험』을 통해 IB를 공교육과 입시 제도 전반을 개혁하는 롤 모델로 사용하자고 제안하면서, IB는 전국적인 관심을 받기 시작한다.

IB 관련 내용으로 경제지 헤드라인 기획 기사를 준비하던 이혜정은 뜻밖에도 일본이 IB를 공교육에 도입해 확산 중이라는 사실을 알게 되었다. 자국어가 영어, 프랑스어, 스페인어도 아닌데, 어떻게 일본은 공교육에 IB를 도입할 수 있었던 것일까? 이혜정은 취재 과정에서 일본의 IB 공교육 도입이 아베 신조 전 총리의 집권 당시 중앙 정부의 적극적인 추진으로 이루어졌다는 사실을 알게 되었다. 교육계에서 조심스럽게 IB가 언급되기 시작한 한국과 대조적인 모습이었다. 당시 일본 문부과학성 교육 담당자는 "일본이 잃어버린 20년을 회복하려면 경제 재건을 해야 하는데, 경제 재건의 핵심은 다름 아닌 인재 혁명이다. 하지만 교육을 혁신하고 싶어도 너무 많은 이해관계자가 얽혀 있어 누더기가 되고, 또 각종 부작용이 생겨 현실적으로 불가능한 난제로 보였다. 그래서 한국 개념으로 보면 히딩크를 영입하듯 IB를 통째로 영입했다"고 말했다.

일본의 중앙 정부는 현시대가 급변기에 접어들었고, 국민의 교육 격차가 경제 격차로 이어지지 않기 위해 공립학교

를 최상의 수준으로 만들겠다는 주장과 함께 2013년 국가
교육재생실회의라는 국가 기구를 총리실 산하에 만들었다.
그리고 객관식 시험 중심의 센터 시험을 2020년에 폐지하
겠다고 선언하며 IB 공교육 도입을 본격화했다. 일본 신문
기사를 보면 IB라는 말과 함께 '각의(국무회의) 결정에 따라
도입된'이라는 수식이 따라오는 것을 볼 수 있는데, 처음부
터 정부의 권위를 실어 도입에 박차를 가했다는 것을 의미
한다. 실제로 IB 본부가 개최한 2017년 요코하마 글로벌 콘
퍼런스IBGC에 일본 왕실의 아키시노 왕자가 참석해 축사를
하기도 했다.

IB를 공교육에 전면 도입하기 위해서는 외국어를 제외한
수업을 일본어로 진행해야 하는 허들을 넘어야 했다. 일본
에서 IB 공교육 도입을 주도한 현 IB 일본대사 쓰보야 뉴웰
이쿠코는 IB 공교육 확산을 위해 일본어화의 중요성을 강조
했다. 교사 교육 자료를 포함해 모든 부분에서 새로운 언어
를 도입하는 것은 일본이 처음인 만큼 일본어화 도입은 IB
본부로서도 큰 결정이었다.

IB 디플로마 과정(DP)은 영어, 프랑스어, 스페인어밖에 없었습
니다. 그러면 일본어가 모국어인 일본 아이들은 DP 시험을 볼

수 없습니다. IB 프로그램을 모국어로 공립에 다니는 학생들이 배우는 환경이 만들지 않는 한, IB 교육의 진수를 느낄 수 없을 것이라고 설득했습니다. 그렇게 IB 본부와 일본어화 협상을 논의한 후 각의 결정으로 IB 인증 학교를 200개 정도 만들기로 확정했습니다.

한국과 일본은 교육에 있어서 '갈라파고스섬'이라는 말을 듣는다. 전 세계의 교육 혁신 흐름을 쫓아가지 못하는 대표적인 두 나라라서 그렇게 불렸다. 그런데 일본이 고립된 섬에서 탈출하려고 하자 위기감을 느낀 한국은 2017년 IB 자국어화에 본격적으로 관심을 가지기 시작했다. 이때부터 한국의 IB 논의는 IB를 국내 입시 제도를 바꿀 롤 모델로 삼자는 이론적 논의와 IB 한국어판을 만들어 국내 공교육에 폭넓게 도입하자는 현실적 논의가 함께 이루어지기 시작했다. 2017년 전 제주교육감 이석문은 국내 교육청 최초로 IB 한국어판을 만들겠다고 선언했다. 전교조 출신인 그는 제주의 국제학교 도입을 반대하는 입장이었다. 교육의 혜택을 골고루 받아야 한다는 기회균등의 원리를 주장했던 그가 교육감이 된 후 일반 학교가 국제학교처럼 우수한 여건을 누릴 방도를 찾다가, 거꾸로 국제학교에서 운영하는 IB 프로그램의 공교육 도입에 관심을 두게 된 것이다.

제주 교육청은 2017년 12월, IB 본부에 한국어화 협상 제안 메일을 보냈다. 당시 한국어화에 대한 필요성을 느끼지 못한 IB 본부는 정중한 거절 공문을 보내자는 것이 내부 방침이었다고 한다. 일본은 오랫동안 국제 기구에 많은 기부금을 내왔던 것이 새로운 언어 도입을 가능하게 하는 배경으로 작용했다. 더구나 47개 시도교육청의 대표로 문부과학성이 IB 본부와 협상을 진행했던 것에 반해, 한국은 17개 시도교육청 가운데 세종시를 제외하고 가장 규모가 작은 제주교육청의 교육감 한 명이 요청했다는 점에서 일본과는 상황이 확연히 달랐다. 아무리 비영리 재단이라 해도 규모의 경제 측면에서 한국어화는 IB 보급에 효과적인 프로젝트가 아니었다. 게다가 일본어화 이후 중국어권, 아랍어권의 반발이 있었기 때문에 한국어화는 가능성이 없다는 게 중론이었다.

그러나 2018년 3월 싱가포르 IB 글로벌 콘퍼런스에서 상황이 달라지기 시작했다. IB 본부 사무총장을 비롯한 세계 지역별 수장, 각 담당 부서의 리더들이 모두 한곳에 모인 곳에서 전 제주교육감 이석문을 비롯한 충남교육청 교육감, 대구교육청 관계자 등 30명 이상의 한국 공교육 관계자들과 전문가들이 콘퍼런스에 자발적으로 참석해 IB 본부 관계자

설득에 나섰기 때문이다. 이 회의에서 한국 교육 관계자들은 한국의 교육 역량이 뛰어나다는 점, 한국 교육의 난맥을 뚫기 위해 IB라는 국제 교육 프로그램의 도입이 필요하다는 점, 새로운 프로그램 수용이 제도적으로 이미 마련되어 있다는 점을 강조했다. 이에 IB 본부는 '2018년 5월 스위스 제네바에서 IB 본부 이사회에 한국어화에 대한 안건을 공식 의제로 상정하겠다'고 결정했다. 그러나 IB 본부 이사회 소속 이사 18명 중에는 지한파가 한 명도 없었고, 이사회 회의 통과 역시 쉽지 않은 분위기였다. 그런데 때마침 미국의 도널드 트럼프 대통령과 북한의 김정은 위원장이 2018년 6월 정상회담을 진행하기로 했고, 당시 전 세계 언론이 북미 정상회담 관련 뉴스를 쏟아 내고 있었다. IB 한국어화 프로젝트에서 주도적인 역할을 했던 이혜정은 IB 본부 이사회에 다음과 같은 서신을 보냈다.

여러분들이 추구하는 교육의 가치 중 하나가 세계 평화에 기여하는 인재 양성이 아닌가요? 그런데 언론을 보십시오. 현재 세계 평화가 어디서 시작되고 있습니까? 한반도에서 시작되고 있습니다. 이런 시점에 다름을 틀림으로 보지 않는 인재를 기를 수 있는 교육의 씨앗을 한반도에 뿌리면 여러분들은 한국뿐 아니라 세계 평화에 역사적으로 기여하게 될 것입니다.

2018년 5월 제네바에서 IB 본부 이사회가 열렸고, 조건부로 논의를 지속하자는 결론이 났다. IB 본부는 한국의 공교육에 IB가 도입되었을 때 IB 학생들이 불이익을 받지 않을지 확인하는 타당성 조사를 시작했다. 이혜정은 국내 상위 15개 대학 입학처의 책임자급 인사들이 IB에 대해 어떻게 인식하고 있는지, 대학들이 IB 학생들에 대한 어떤 입학 정책을 시행하고 있는지를 조사했다. 놀랍게도 그들은 이미 IB를 잘 알고 있었다. 주요 상위권 대학에는 이미 경기외고나 제주국제학교 등 국내 학력을 인정받는 영어판 IB 학생들이 수능 최저 등급을 요구하지 않는 학생부 종합전형에 지원해 합격한 기록들이 누적되어 있었고, 재외국민 전형으로 입학한 학생 중 IB나 AP, A레벨 등 여러 전형으로 들어오는 학생들이 있었기 때문이다.

조사 당시, 각 대학 입학처 담당자들은 IB 학생들이 대학 과정에서 경쟁력 있는 모습을 보였으며, IB는 공정성이 높은 프로그램이라 기존의 학종보다 더 경쟁력이 있을 것이라는 의견을 내놓았다. 이혜정은 조사 결과를 정리해 IB 본부 측에 공유했고, 그때부터 한국어화 협상이 본격적으로 시작되었다. 총 18개월간의 구체적인 협의를 거쳐 2019년 7월 한국어화 체결 계약이 이루어졌다. 여러 교육청이 IB 한국어판 협상에 참여했지만, 최종적으로 IB 본부와 처음으로 사인을 한 교육청은 제주와 대구였다. 한국어화 추진을 맡았던 IB 아시아태평양 본부장 아시시 트레베디는 이렇게 말했다.

한국 교육청이 관심을 보였을 때 많이 고민했습니다. 처음에는 확신이 없었어요. IB 프로그램 도입은 체계적인 작업이고, 임시방편이 아니니까요. 교육과 학습, 평가, 학교와 교실, 모든 면을 꼼꼼히 살펴봐야 했어요. 시작해 놓고 IB 본부가 제대로 지원하지 못하거나, 교육청이 준비되어 있지 않은 상황을 만들고 싶지 않았거든요. 하지만 한국의 국가 교육과정의 목표가 IB의 방향성과 유사했고, 한국이 IB의 씨앗을 뿌리기에 아주 좋은 환경을 제공할 수 있다는 걸 알게 되었어요. IB 본부와 더불어 한국의 각 교육청, 학교, 교사들, 그리고 영향력 있는 교육자들이 모두 함께 이 생태계를 만들기 위해 노력했습니다. 공립학교에서 지속 가능한 생태계가 형성되는 과정을 보는 것은 정말 멋진 일이었습니다. 한 가지 중요한 점은 한국이 세계 평화에 대한 확고한 의지를 가지고 있었다는 겁니다. 세계 평화는 IB의 미션에서 큰 비중을 차지하는 부분이에요. 교육을 통해 더 나은 세상을 만들자는 것이지요. 그래서 이것이 결정을 이끈 가장 중요한 요인이었다고 생각해요.

확산되는 지역별 IB

제주와 대구가 IB 한국어화를 실현한 뒤로 타 시도교육청도 IB 공교육 도입에 뛰어들고 있다. 교육청이 IB 추진을 결정하면, 우선 IB 본부와 M.O.C를 맺은 교육청들과 M.O.U를 맺고 대구교육청을 중심으로 도입에 필요한 각종 지원을 받게 된다. 그리고 준비가 되면 해당 교육청은 IB 본부와 M.O.C를 정식으로 맺은 다음, 일선 학교에 IB 프로그램 도입을 추진한다.

일반적으로 IB를 도입하는 주체는 학교다. 그래서 보통 협의는 IB 본부와 학교 간에 이루어진다. IB는 특정 국가가 나서서 전면적으로 IB를 도입, 확산시키기보다는 국제학교나 외국인학교 등 개별 학교가 IB 프로그램을 도입하는 경우가 더 흔하다. 학교가 IB를 희망하면 IB 본부는 해당 학교에 IB 코디네이터를 두어 도입을 준비시키고, 이후 IB 프로그램의 질을 유지하게 한다.

다만 한국은 IB 본부와 협의한 끝에 지역별 교육청이 IB 본부와 M.O.C를 체결한 바탕 위에서만 개별 학교가 IB를 신청할 수 있도록 결정했다(교육청의 재정 지원을 받지 않는 학교는 해당 교육청과 IB 본부 간의 M.O.C 체결 없이도 학교별로 IB 도입을 추진할 수 있다). 한국의 경우 기존 언어로 짜인 프로그램을 그대로 쓰지 않고 한국어화하는 작업이 필요했기 때문에 주체가 교육청이 될 수밖에 없었으며, IB DP의 공교육 도입은 대입과도 연결되어 있어 학교별, 교육청별 협의가 어려우면 각종 문제가 발생할 수 있다. 그런 의미에서 한국어 IB 프로그램은 교육청이 IB 본부와 개별 학교 사이에서 지원을 하는 형태를 취하는 것이 필요했다. 또한 교육청별 협의도 원만하고 일관되게 이루어져야 해서 현재는 대구교육청이 교육청 간의 협의와 조율을 이끌고 있다.

학교가 IB를 정식 도입하면 '인증 학교', '월드 스쿨'로 불린다. 고등학교의 경우, 월드 스쿨만이 졸업자에게 디플로마를 수여할 수 있다. IB 인증을 받기 위해서 학교는 먼저 '후보 학교' 신청을 하고 교육청과 IB의 허가를 받으면 그때부터 IB 프로그램을 본격적으로 운영하기 시작한다. IB 본부는 해당 학교에 프로그램이 원활하게 운영될 수 있도록 관

교육청 IB 도입 추진 경과

시기	내용
2018년 3월	IB 글로벌 콘퍼런스(싱가포르)에서 한국어화 공식 협의
2019년 7월	IB 본부와 IB DP 한국어화 추진 협약 체결(제주교육청, 대구교육청)
2022년 3월	한국어 디플로마 프로그램 운영 시작(제주 1교 / 대구 2교)
2022년 9월	경기도교육청, 전남교육청 IB 본부와 M.O.C 체결
2024년 3월	서울, 인천, 충남, 전북 교육청 IB 본부와 M.O.C 체결
2024년 7월	부산, 충북, 경북 교육청 IB 본부와 M.O.C 체결

리를 시작하며 마지막에 인증 심사를 한다. 교육청은 후보학교가 되기 전에 IB를 탐색하는 단계를 마련해 두었는데, 이때 이름은 관심 학교, 기초 학교, 준비 학교로 불리며 교육청마다 이름과 단계가 다르다. 후보 학교 전 단계에서는 교사들에게 IB 관련 연수 참여 기회를 주며, IB 프로그램 정보를 취득하도록 돕고, 행정 및 인사 지원 등을 통해 IB 도입을 제대로 추진할 수 있는지 검토할 기회를 준다.

제주와 대구가 IB 본부와 협약을 맺은 후 경기도교육청과 전남교육청이 뒤를 이어 IB 본부와 M.O.C를 체결했다. 이후 2024년 3월에 서울, 인천, 충남, 전북이, 2024년 7월에 부

시도별 IB 프로그램 도입 운영 현황

시도	학교수												계
	준비 학교			IB 관심 학교			IB 후보 학교			IB 월드 스쿨			
	초	중	고	초	중	고	초	중	고	초	중	고	
서울	-	-	-	43	28	-	5	3	-	-	-	-	79
부산	-	-	-	1	-	-	6	3	-	-	-	-	10
대구	24	23	9	3	5	1	3	3	1	10	11	5	98
인천	-	-	-	-	3	14	-	-	-	-	-	-	17
경기	-	-	-	54	56	34	11	7	1	-	-	-	163
충북	3	2	4	-	-	-	-	-	-	-	-	-	9
충남	3	3	-	1	3	2	1	2	4	-	-	-	19
전북	-	-	-	9	11	6	1	1	-	-	-	-	28
전남	-	-	-	2	1	1	1	1	2	-	-	-	8
경북	3	7	14	-	-	-	-	-	-	-	-	-	24
제주	-	-	-	1	3	-	5	-	-	5	2	1	17
계	33	35	27	114	110	58	33	20	8	15	13	6	472
	95			282			61			34			
				377									

2024. 9. 1. 기준

산, 충북, 경북 교육청이 IB 본부와 협약을 체결하면서 IB 도입을 확정했다. 전국 공교육 내 IB 학교(관심, 후보 등 예비 단계에 있는 학교를 포함)는 2022년 33개교를 시작으로 2024년 11월 기준으로 472개 학교(후보학교 이상 95개교)로 늘었으며, 앞으로 그 수는 지속해서 늘어날 예정이다. 무엇보다도 경기도가 IB를 도입하고 뒤이어 서울, 인천이 따라오면서 IB 도입과 추진, 그리고 IB를 바탕으로 새로운 입시 제도를 만들자는 논의가 더 활기를 띠고 있다. 현재 17개 시도교육청 중 11곳이 IB를 도입했으며, 남은 7개 시도교육청 중 대전은 2025년 IB 도입을 확정하여 추진하고 있다. 경남과 강원 또한 IB 도입을 적극 검토 중이다.

제주 IB

IB 공교육 도입이 한창 추진되던 시기 제주교육청 수장을 맡았던 이석문은 처음부터 IB 공교육 도입에 확고한 의지를 가지고 있었다. 그는 주도적으로 내부 관계자를 설득하고 독려해 IB 한국어화를 실현했는데, IB를 기회균등의 원리로 접근했고, 그래서 가장 열악한 교육 환경에 IB 학교를 세우겠다는 뜻이 명확했다.

제주의 IB 학교 대부분은 서귀포시 표선면을 중심으로 자리 잡고 있다. 제주는 제주시와 서귀포시를 중심으로 발전했고, 제주 전역을 동서로 나누면 상대적으로 서쪽이 더 발전해 왔다. 반면 동쪽은 발전이 더딘데, 그중에서도 표선은 가장 낙후된 지역으로 불린다. 제주는 당시 비평준화 지역이어서 고입 선발 시험이 존재했는데, 표선고는 기피 1순위 학교였다. 대학 진학을 희망하는 학생들의 비율도 높지 않아서, 실제 IB가 도입되기 전까지 표선고는 전교생 중 3~4명만이 수능 시험을 보았다. 이석문은 주로 표선과 인근 성산에 있는 학교들을 IB로 전환했다. 표선고의 경우 수능반과 IB반을 구별하지 않고 전교생이 IB 프로그램을 듣게 했다. 말 그대로 전면 전환이었다.

표선은 농어촌 읍면 지역이다 보니 소수를 선발해서 IB 학급을 운영하는 것보다는 전체 학교 단위에서 IB 프로그램을 선택하는 게 좀 더 적합하다고 판단했습니다. 표선고는 상당히 소외되고 또 낙후한 지역에 있습니다. 만년 미달인 학교였습니다. 제주도의 동부 지역은 표선을 중심으로 인구가 감소하고 출생률이 저하되면서 지방 소멸 위기에 처한 지역이기도 하고요. 교육청이 표선을 선택한 이유는 학교가 교육을 통해서 지역 불균형 문제를 풀어 갈 수 있지 않을까 하는 목적과 취지도 많이 고려되었기 때문입니다.

　표선고 교장 임영구의 말처럼, 제주의 IB 학교는 전교생이 IB 수업을 듣는 형태로 운영된다. 당시에는 이런 방향이 비효율적이라는 비판도 많았다. 교육 자원과 역량을 밑 빠진 독에 물 붓듯 쓰는 것 아니냐는 것이었다. 아직 한국에서는 IB 프로그램이 귀족 교육 또는 엘리트 교육이라고 생각하는 사람들이 많다. 그런 인식 속에서 공부에 열의가 없는 학생들에게까지 고비용의, 또 높은 수준의 IB 프로그램을 제공할 필요가 있겠느냐는 지적이었다. 하지만 IB는 비용이 많이 드는 교육도 아니며, IB 프로그램이 엘리트 교육이라는 인식도 오해에 가깝다. IB 본부 사무총장 올리페카 헤이노넨의 설명을 들어보자.

　역사적으로 국제 교류가 소수의 엘리트 계층에게만 해당하던 시절에 국제학교가 외교관, 국제 기구 종사자, 민간 부문의 고위직 자녀들을 위한 교육 기회를 제공되다 보니 상위층, 엘리트 학생에게 제공되는 교육이라는 인식이 생길 수 있었습니다. 하지만 IB의 핵심 사고는 교육의 질적 평등과 접근성이고, 실제 미국의 IB 학교는 공립학교가 많기 때문에 이런 인식이 거의 없

습니다. 오히려 평등성을 강조하는 한국 교육은 언어, 교육 내
용, 재정적 장벽을 해체하고 질 좋은 교육을 보편적으로 제공하
려는 IB의 미션과 호응한다고 볼 수 있습니다.

표선에서 벌어진 교육 실험에 일부 전문가가 우려를 쏟
아냈다. 이렇게 많은 지원을 공부에 관심 없는 학생들에게
쏟는 게 효율적이냐는 비판이 핵심이었다. 그러나 곧 그들
은 제주 표선 학교들을 대상으로 하는 종단 연구에서 교사
들이 중하위권 학생들을 바라보는 태도가 확연히 달라지는
모습을 목격했다. 초기 인터뷰에서는 농어촌 지역에서 지내
는 많은 학생이 공부에 뜻이 없고 학력 차이도 커서 교육적
성과를 기대하기 어렵다는 회의적인 시각이 많았다. 하지만
이후 인터뷰에서 IB의 교육적 성과는 상위권보다 중하위권
학생들에게서 더 크게 나는 것 같다는 고무적인 입장으로
바뀌어 있었다. 표선고의 사례는 국내에서 IB가 엘리트 교
육이라는 인식을 없애는 데 크게 기여했다. IB가 보편 교육
에 더 중요한 역할을 할 것이라는 기대가 많아지는 계기가
된 것이다.

2024년 2월 IB 한국어화 이후 IB 고등학교에서 졸업생이
처음으로 배출되었다. 그중에서도 표선고는 입시 결과가 좋

아 큰 화제를 모았다. 서울대 합격자를 포함한 수도권 11개 주요 대학 합격자가 전년 대비 2.5배나 늘었고, 특히 여러 과학기술원 합격자의 수가 많다는 것도 눈에 띄었다. IB가 도입되고 학교의 변화는 IB를 듣지 않는 고학년 학생들에게도 나타났다. 그래서 IB가 도입되기 훨씬 이전인, 표선고가 기피 학교였던 시점과 비교하면 표선고의 대입 결과는 훨씬 더 눈부신 결과라고 할 수 있다.

인구 소멸 지역이었던 표선은 최근 감소세가 멈추고 증가세로 돌아섰다. 외지 학생의 초등학교와 중학교 전학이 늘었기 때문이다. IB 커뮤니티를 운영하면서 자녀를 표선 IB 학교에 보낸 학부모 김종영에 따르면, 현재 표선초등학교와 표선중학교 재학생 중 40퍼센트 정도가 제주 외 지역에서 이주해 온 학생이다. 표선초등학교는 근래 과밀 학급이 되어 모듈러 교실을 설치해 수업을 진행하고 있다. 문제는 넓은 지역에 고등학교가 하나밖에 없다는 점이다. 수용 인원을 넘길 경우 선발이 이루어지게 되고, 이 경우 해당 지역에 거주하는 학생이 원거리로 학교에 다녀야 하는 상황도 우려되고 있다.

제주교육청 IB 담당 양효선에 따르면, 표선고는 비평준화 고등학교로 과거에는 정원 미달일 때도 많았지만, 지금은 합격점이 상당히 올라갔다. 2024학년도 입학생부터는 탈락자가 많이 생기고 그에 따라 학력 수준도 더욱 올라갔다. 시간이 지나면 표선고는 낙후된 기피 대상 학교에서 명문 학교로 바뀔 가능성이 크다. 물론 그렇게 되면 보편 교육을 강화하겠다는 당초 취지가 무색해질 수 있어 IB 학교를 추가로 늘리지 않으면 안 될 것이다. 제주 IB는 확산이 한동안 정체되었는데 다행히 최근 다시 활기를 띠고 있다.

현재 제주교육청은 4개 학교를 관심 및 후보 학교로 추가 지정했다. 이에 따라 제주는 IB 관심, 후보 학교 9개교, 인증 학교 8개교, 총 17개 학교를 운영하고 있다. 한편 제주대학교는 최근 IB에 우호적으로 수능 최저 등급을 요구하지 않는 대입 전형을 늘리고 부속 초중고의 IB 전환을 서두르며 지역 IB 확산을 촉진하고 있다. 이에 따라 고등학교로는 표선고 이후 처음으로 제주대부속고가 IB 도입을 적극 검토하고 있다.

제주 IB DP 관련 학교

구분	학교
인증 학교	표선: 표선고

대구 IB

대구는 IB 도입 논의가 한창 시작될 시점에 강은희가 새 교육감으로 당선되었다. 당시 대구교육청에서는 새로운 교육 환경을 만들고자 하는 여러 시도가 있었고, 내부적으로도 IB를 활발하게 연구하고 있었다. 강은희는 후보 시절 IB 추진을 공약으로 세웠고, 교육감 당선 후 제주와 함께 IB 한국어화를 적극 추진했다. 그리고 현재 대구는 IB의 공교육 도입과 확산에 가장 적극적인 도시로 자리매김했다. 수장과 실무진, 그리고 현장 교사들의 삼박자가 잘 맞아떨어진 결과다.

대구교육청은 많은 교사가 좋은 수업을 하기 위해서 고민을 많이 하고 있었습니다. 배움의 공동체, 토론 수업, 협력 수업, 프로젝트 수업 등을 많이 활성화했고 분위기가 꽤 많이 이루어져 있었습니다. IB 프로그램을 저보다 먼저 접한 교육청의 전문 장학진들이 이미 IB의 장점을 알고 있었던 측면도 이 정책을 추진하는 데 매우 도움이 됐었고요. 가르치는 교사들의 관심, 그리고 교육 행정 전문가들의 관심, 그리고 그것을 이끄는 저의 관심, 이런 게 모여서 우리 교육청은 도입을 쉽게 할 수 있는 기본 분위기가 만들어졌던 것 같습니다.

강은희는 학구열 높은 대구에서 IB라는 새로운 프로그램을 안착하기 위해 노력했다. 제주가 낙후 지역의 고등학교 전체를 IB로 전면 전환한 것과 달리, 대구는 여러 학교에 소수 IB 학급을 만드는 전략을 선택했다. IB가 대입에 어떤 결과를 낳을지 모르는 상황이었기 때문에 특정 지역 고등학생 모두에게 IB 수업을 들으라고 강제할 수 없었다. 그래서 고등학교의 경우 경북대사대부고와 포산고, 대구외고에서 한두 반만 IB 학급으로 운영하기 시작했다.

대구교육청이 IB 학급 운영에서 학생들의 선택권을 보장한 방침은 현실적으로 유효했고, 원하는 학생들만 IB를 들어 지역에서 IB가 자연스럽게 안착하는 결과를 만들었다. 다만 IB가 학교 내에 부분적으로 도입되면서 겪어야 하는 어려움이 있었다. 우선 선택할 수 있는 과목이 일부 제한되었다. IB 학생이 한 학년에 40~50명 정도로 적어서 표선고에서 운영하는 컴퓨터나 비주얼 아트 과목이 개설되지 않는 등의 제약도 발생했다. 교사들 역시 IB 수업과 일반 수업을 병행하는 데 피로감을 느꼈다. 특히 교사들은 IB 수업에서 느끼는 효능감을 일반 수업에서 느끼지 못한다며 심적 고통을 토로하기도 했다.

제주가 표선의 전체 학교를 IB로 전환하면서 다양한 구성원이 풍부한 교육적 토양을 만들었다면, 대구는 전체적으로 학생들이 학문적 열의로 가득 찬 모습을 균질하게 보였다. 〈교실 이데아〉 방송이 나간 뒤에 학업 성적이 뛰어난 학생들 몇 명을 주인공으로 삼아 IB의 긍정적인 면을 보여 주는 것이 부적절하다는 비판이 있었다. 그러나 제작진은 상위권 학생들을 추려 그 안에서 주인공을 선정하지 않았다. 깊이 있는 사고를 하고 상호 협력하는 수준이 뛰어난 학생들이 실제로 많았다. 이는 IB 교육을 통해 보통의 학생들이 얼마나 크게 성장할 수 있는지를 보여 주는 증거다.

현재 대구의 고민은 IB 수업을 들은 초등학교와 중학교 졸업자들이 상위 IB 학교로 진학하는 데 어려움이 발생하고 있다는 것이다. 당장 IB 월드 스쿨(인증 학교)인 경북대사대부중 학생들이 졸업 후 IB DP를 원해도 소수반으로 운영하는 경북대사대부고가 이들을 모두 받아주기 어렵다. 대구교육청은 특정 학교에 IB 학급을 늘리기보다는 타학교의 IB 학급 신설을 우선하고 있다. 이에 따라 진학 흐름에 불균형이 발생하고 있다. 당장 경북대사대부고는 2024학년도 IB 학급 모집에서 정원의 2배 이상의 학생들이 신청해서 많은 학생이 탈락하기도 했다. 반면 타학교 신생 IB 학급은 미달되어 이 부분에 대한 대응을 고민하고 있다.

대구는 교육발전특구 지정을 기반으로 행정적인 유연성과 자율성을 확보해 이 문제를 풀어가려고 한다. 그래서 IB 프로그램을 받은 학생들이 상위 학교로 진학할 때 IB를 운영하는 학교로 최대한 배치될 수 있는 유연성을 확보하고자 한다. IB 도입 학교의 수가 빠르게 늘고 있는 것도 학생들이 진학에 어려움을 겪는 문제를 해소하는 데 도움이 될 것으로 예상된다.

대구는 2024년 9월 기준 98개 IB 학교가 운영되고 있으며, 이 중 월드 스쿨은 26개교다. IB DP의 경우 경북대사대부고, 포산고, 대구외고 외에 대구국제고, 대구서부고가 추가로 인증을 받은 상태이며, 대구중앙고가 월드 스쿨 인증을 준비하고 있다. 그 외 인증을 준비하고 있는 대구의 준비, 관심 고등학교는 10개교다.

또한 대구교육청은 최근 인구 소멸 지역인 군위군이 대구에 편입되면서 해당 지역에 산재해 있는 소규모 학교들을 통합하고 이 학교를 IB 학교로 전환할 예정이다. 고등학교는 모든 반이 IB로 전면 전환한다. 대구에도 표선과 같은 IB 모델이 도입되는데, 실제 해당 학교는 다른 지역에서 오는 학생들도 수용할 수 있는 규모로 업그레이드하고 있다. 대구의 교육 혁신 속도는 매우 빠르고 체계적으로 이루어지고

대구 IB DP 관련 학교

구분	학교
인증 학교	경북대사대부고, 포산고, 대구국제고, 대구서부고, 대구외고
후보 학교	대구중앙고
관심 학교	청구고
준비 학교	경북여고, 군위고, 다사고, 동문고, 대구고, 대진고, 매천고, 운암고, 상서고

있다. 전국의 교육 지형이 어떻게 바뀔지 알기 위해서는 대구에서 진행되는 교육 혁신 과정을 눈여겨볼 필요가 있다.

수도권 IB

수도권에 인구가 집중되다 보니 서울, 경기, 인천의 IB 추진 현황을 궁금해하는 사람들이 많다. 해당 지역들은 제주와 대구에 비해 늦게 도입을 추진한 만큼 진도가 늦다. 아직 한국어 IB DP로 월드 스쿨 인증을 받은 학교는 없고, 후보, 관심 학교만 지정한 상태다. 하지만 수도권 분위기가 대입 제도에 큰 영향을 줄 수 있기 때문에 해당 교육청들의 추진 현황에 모두 관심을 기울이는 상황이다.

서울시교육청은 제주보다 먼저 IB에 관심을 두고 IB 연구를 시작했지만, 상당히 늦게 IB 도입에 합류했다. 내부적으로 IB를 반대하는 목소리가 크기 때문에 추진도 더딜 것으로 예상된다. 서울시교육청 전 교육감 조희연은 IB 학교를 직접 도입하는 방식보다는 IB 프로그램을 한국형 대입 시험 제도 개편을 위한 참고용으로 활용하고 싶어 했다. 즉 IB를 활용해 한국형 바칼로레아KB의 도입을 실현하자는 데 방점을 두었다. 하지만 이론적인 연구로는 오랜 시간 IB가 쌓은 노하우를 차용하기 쉽지 않다. 그런데도 서울시교육청은 IB를 초등학교와 중학교에서는 대안 교육의 하나로, 고등학교에서는 대입 제도 개편의 모델로만 활용하고자 했다. 실제 서울시교육청은 IB 관심 학교 71개교, 후보 학교 8개교를 운영하고 있는데, 모두 초등학교와 중학교만으로 구성되어 있다. 2024년 10월 새로운 교육감이 취임했는데, 지금까지 IB 고등학교 도입에 미온적이었던 서울시교육청의 행보가 주목된다.

경기도의 IB 인증 학교는 IB 한국어 DP가 도입되기 전부터 운영 중이던 경기외고(영어로 운영) 한 곳뿐이었다(최근 경기외고는 기존 영어로 진행하는 DP 외에 한국어 DP 운영을 검토 중이며, 경기도권 모집에서 전국 단위 모집으로 전환을 추진 중이다). 2024년 9월 기준 경기도교육청의 163개 학교가 IB

도입을 검토, 준비하고 있어서(관심 학교 144개교, 후보 학교 19개교) 규모 면에서는 단시간에 대구를 앞질렀다.

19개 후보 학교 중에서 IB DP 운영을 준비하는 고등학교는 안성 죽산고 한 곳으로, 2025년도에 월드 스쿨로 학년을 시작할 목표를 가지고 있다. 죽산고는 한 학년 60명 정원으로 전국 단위 모집을 하며 IB 입학생들에게 기숙사를 제공할 예정이다.

경기도는 후보 학교로 지정된 고등학교가 아직 1개교뿐이지만, 관심 학교로 지정된 고등학교는 34개교에 달한다(이 중 6개교는 후보 학교 심사 중이다). 그래서 향후 IB 인증을 받은 고등학교는 늘어날 전망이다. 다만 이 중에는 허수도 섞여 있다. 일부 학교는 IB를 알아보는 관심 학교 단계에서 후보 학교로 나아가지 않기로 결정한 곳도 있어서 경기도에서 IB 학교를, 특히 IB 고등학교 진학을 고민하고 있다면 개별 학교 사정을 조금 더 구체적으로 확인해 봐야 한다. 그럼에도 전반적으로 경기도 IB는 크게 확대되고 있어서 전국적으로 가장 큰 IB 운영 지역이 될 가능성이 높다.

경기도는 지역의 특성상 도시와 농어촌이 혼재된 가장 복잡한 교육 환경을 지닌 곳이기도 하다. 경기도교육청은 IB 프로그램을 광범위하게 운영할 수 있는 기반을 마련하는 데

경기 IB DP 관련 학교

구분	학교
인증 학교	의왕: 경기외고
후보 학교	안성: 죽산고
후보 학교 심사 중인 관심 학교	구리남양주: 남양주다산고, 동두천양주: 덕정고, 수원: 수성고, 안양과천: 관양고, 포천: 포천고, 화성오산: 동탄국제고
관심 학교	가평: 조정고, 고양: 고양동산고, 광명: 광휘고, 구리, 남양주: 마석고, 진접고, 군포, 의왕: 산본고, 용호고, 김포: 마송고, 동두천, 양주: 동두천외고, 부천: 송내고, 성남: 성남외고, 수원: 동원고, 수원고, 수원외고, 영덕고, 시흥: 서해고, 안산: 성포고, 신길고, 안산동산고, 원곡고, 경안고, 안양과천: 부흥고, 안양고, 용인: 용인삼계고, 파주: 적성융합고, 평택: 현화고, 화성오산: 봉담고, 와우고, 이산고

9월 30일 기준 / 9월 1일 이후 1개교 추가

많은 공을 들이고 있다. 전문가, 교원, 채점관 등을 양성하는데 많은 지원을 하고 있으며, 처음으로 서울대와 MOU를 맺어 IB 교원 양성, IB 효과성 종단연구 등을 추진하고 있다.

인천은 해당 지역에 거주하고 있는 사람, 그리고 수도권에 살고 있는 사람 모두가 눈여겨볼 지역이다. 인천은 기존에 IB를 추진했던 지역과 달리 고등학교에 IB 도입을 집중하고 있다. 후발 주자로서 앞서 시작한 다른 지역 IB 학교들

인천 IB DP 관련 학교

구분	학교
관심 학교	계산여고, 연수여고, 인일여고, 인제고, 덕신고, 인화여고, 인천대건고, 인천세원고, 인천예일고, 인천효성고, 인천아라고, 대인고, 인천하늘고, 인천과학고

의 상황을 보고 IB 프로그램을 고등학교에 도입하는 것이 효과적이라고 판단했다. 초등학교, 중학교에 IB 학교를 많이 세우면 당장 고등학교와의 연계가 문제 된다. 또한 이미 IB 학교의 입시 결과가 좋아 학생 모집에 어려움이 생기지 않을 것으로 판단해서 IB 프로그램 도입을 고등학교에 집중하기로 한 것이다.

인천은 관심 학교 17개교를 도입했는데, 그중 14개교가 고등학교다. 근래에 IB 도입을 시작했지만, 속도를 붙이고 있다. 인천시교육청은 도심의 고등학교에는 IB 학급을 운영하고, 인구 소멸 지역인 강화 지역은 초중고를 연계하면서 해당 고등학교를 IB 학교로 전면 전환하려 한다.

서울, 경기, 인천은 혁신학교가 많이 포진되어 있다. 경기는 70퍼센트에 달한다. 그만큼 교사들이 IB 교육 환경에 적응할 준비가 되어 있다는 의미다. 실제 혁신학교에서는 IB 와 유사하게 수업이 이루어지는 곳도 많고, 내실 있게 운영되는 학교도 많다. 다만 그동안 입시와 연계되지 못하는 문제가 발목을 잡아 왔다. 실제 IB 학교로 전환되면 교사들이 다른 지역보다 빨리, 또 뛰어나게 IB 프로그램을 운영할 수 있으리라는 기대를 모으고 있다. 다만 혁신학교를 가꾸어 왔던 교사들이 IB로 전환되는 것에 심리적인 거부감을 가지고 있고, 전국교사노동조합이 공식적으로 반대하고 있어 추진 속도가 어떻게 될지는 추이를 지켜봐야 한다.

충청권 IB

충남은 이미 IB 인증을 받은 충남 삼성고가 있다(경기외고와 같이 영어로 수업하는 학교로, IB 한국어화 도입 이전부터 운영되었다). 충남의 IB 후보 학교는 7개교로, 그중 4개교가 고등학교다. 인천과 마찬가지로 고등학교 도입에 집중하고 있다. 충남교육청 관계자에 따르면, 충남은 작은 도시가 아닌 큰 지역을 담당하고 있어 초중고 연계에 더 큰 어려움이 있을 것으로 예상되어, 고등학교에 집중하는 것이 유리할 것으로 판단했다고 한다. 대부분 1~2개의 IB 학급 운영을 중심으로 도입 준비 중이다. 충남은 한국어화 논의 초기에 함께 추진하다 뒤늦게 합류했지만, 진행 속도가 상당히 빠른 편이다. 충남은 수도권 학생들이 전학을 검토할 수 있는 거리에 있

충남 IB DP 관련 학교

구분	학교
후보 학교	공주: 한일고, 아산: 충남외고, 예산: 덕산고, 천안: 온양한올고
관심 학교	서산: 서야고, 공주: 공주고

충북 IB DP 관련 학교

구분	학교
관심 학교	청주: 일신여고, 청주외고, 충주: 중앙탑고, 제천: 제천여고

는 만큼, 전국 단위 모집을 하고 기숙사를 제공하는 학교가 정해지면 많은 관심을 받을 것으로 예상된다.

충북교육청은 2024년 7월 IB 본부와 협약을 맺고 이제 막 IB 도입을 시작했다. 시작 단계이기 때문에 도입과 확산이 어떻게 이루어질지는 더 지켜봐야 한다. 충북은 초등학교, 중학교 각 3개교, 고등학교는 4개교를 준비 학교로 선정했고, 2025년 개교 예정인 단재고(가칭)는 개교와 함께 IB 도입을 예정하고 있다. 단재고는 16명으로 구성된 2개 학급을 운영하는 비교적 작은 공립형 대안학교로, 청주 읍면 지역에 자리해 있다. 해당 학교는 70퍼센트의 학생에게 기숙사를 제공할 예정이다. 충북에서는 청주외고와 단재고가 충북

광역 모집을 예정하고 있다.

한편 근래 들어 대전이 IB 추진의 속도를 높이고 있다. 충남과 충북에 비해 늦게 시작했지만, 충청권의 중심 도시이기 때문에 지역에 큰 영향을 줄 것으로 예상된다. 대전은 2025년에 M.O.C 체결을 목표로 하고 있다. 반면 세종은 IB 추진에 뜻이 없음을 밝혀 당분간 큰 변화를 기대하기는 어려워 보인다.

전라권 IB

전남은 제주, 대구에 이어 경기와 함께 상대적으로 빨리 IB를 도입한 지역이다. 전남은 학교들의 개별 지원을 받아 IB 도입을 추진하기보다 교육청에서 학교를 지정해서 추진하는 형태를 띠고 있다. 그래서 전남은 초중고 연계가 가능한 지역을 선정하고, 해당 지역 내에서 도입을 희망하는 학교 중에 관심 학교, 후보 학교를 선정해 추진하고 있다. 이렇게 한 지역에 IB 학교를 묶을 경우 제주 표선처럼 지역 전체가 IB 연계가 높아지는 벨트형 구조를 띠게 되고, 이를 통해 IB의 안착을 모색할 수 있다. 다만 각 지역에서 산발적으로 관심을 가진 학교들을 모두 IB 학교로 받아주지 않기 때문에 확산 속도가 느리다. 현재 나주와 영암을 중심으로 IB

전남 IB DP 관련 학교

구분	학교
후보 학교	나주: 봉황고, 전남외고
관심 학교	영암 삼호: 삼호고

전북 IB DP 관련 학교

구분	학교
관심 학교	순창: 순창고, 전주: 전주여고, 전주중앙여고, 양현고, 고창: 자유고, 김제: 지평선고

학군을 조성하고 있다. 전남은 교육발전특구 지정을 통해 IB 프로그램 도입 학교 수를 늘릴 계획이다.

전북은 전남보다 IB 도입이 늦었지만, 관심 학교를 26개 교 선정하고 후보 학교도 초등학교와 중학교를 각각 1개교 씩 선정했다. 지역을 묶어 두지 않다 보니 학교의 수는 빨리 늘어났는데, 이에 반해 초중고의 연계성이 떨어진다는 고민 이 있다. 이 문제를 해결하기 위해 벨트형으로 묶을 지역을 구상하고 있고, 남원 등이 유력하게 거론되고 있다.

광주는 IB 추진 의사를 아직 보이지 않고 있다. 다만 국립 대인 광주교대가 산하에 있는 광주교대부초를 지원하여 IB 인증을 서두르고 있다.

경상권 IB

대구를 제외하고 경상도의 다른 지역은 전국 기준으로도 속도가 늦은 편이다. 경남과 울산은 아직 IB가 도입되지 않았고, 경북과 부산 역시 진척이 느리다. 경북은 포항제철고, 풍산고 2개교를 관심 학교로, 14개 고등학교를 준비 학교로 지정했다. 부산은 10개 후보 학교를 선정했는데, 모두 초등학교와 중학교로만 이루어져 있다.

경북 IB DP 관련 학교

구분	학교
관심 학교	포항: 포항제철고, 안동: 풍산고
준비 학교	구미: 도개고, 구미고, 현일고, 경북외고, 경주: 문화고, 김천: 한일여고, 봉화: 봉화고, 상주: 우석여고, 함창고, 안동: 예일메디텍고, 풍산고, 안동고, 영청: 영천성남여고, 예천: 대창고

9월 1일 이후 기준

한편 IB 도입 학교의 확산과 별개로 IB 학교 노하우를 활용하는 일반 학교도 늘고 있다. IB 인증 학교들은 IB가 정해놓은 가이드에 따라 운영되어야 하므로 변형하는 데 어려움이 있다. 그 어려움이 글로벌 스탠더드에 맞춘다는 장점도 있지만, 교육청 입장에서는 한국형 미래 학교로 활용하는 것에 대한 어려움이라고 생각할 수 있다. 이에 따라 IB 모델을 차용해 한국, 그리고 해당 지역의 현실에 맞춘 학교 운영도 개발되고 있다. 이런 추세라면 IB 인증 학교 증가 외에도 IB와 유사한 형태를 보이는 학교의 수도 증가하리라 예상된다.

IB 학생들의 대입

2024학년에 처음으로 IB를 이수한 학생들이 대학에 입학했다. IB 수업을 영어로 들은 학생들이 국내 대학에 입학한 경우는 그전에도 있었지만, IB 프로그램을 한국어로 듣고 졸업한 학생은 2024년 대입이 처음이다. 무엇보다 IB 학교들이 이전보다 뛰어난 입학 성적을 거두었고, 많은 학생이 서울대를 비롯해 명문 대학에 진학하면서 확실히 전보다 좋은 분위기가 조성되었다. IB가 대학 진학 자체를 최우선 목표로 두지 않는 교육 프로그램임에도 불구하고 한국에서 입시 성적은 향후 IB 도입의 속도와 방향을 결정할 중요한 기준이다. IB는 한국 교육에 새로운 가능성을 보여 주는 롤 모델이기도 하지만, 현실에서 학생들이 수능 시험을 준비하지 않아도 대학에 갈 수 있는 새로운 트랙을 만들어 냈다는 점에서 의의가 크다.

그렇지만 실제 대학 진학을 겪은 학생들의 심정은 복잡하다. 좋은 교육을 받아 기대 이상의 입학 결과를 얻은 학생도 있었지만, 한편으로 입시 제도의 결함이나 미비 등의 문제로 불이익을 받았다고 생각하는 학생들도 많았다. 현재로서는 제도가 만들어지는 과정이라 학부모와 학생들의 불안감이 생기는 것이 당연하다. IB 대입 지원자들이 처한 입시 환경은 계속해서 변하고 있다. 어디서 어떤 변화가 이루어지고 있는지 살펴보자.

정시 제한

기본적으로 국내 IB 학교는 "학교는 필요에 따라 …… 국제적으로 공인된 교육과정이나 과목을 개설할 수 있다. 이 경우 시도교육청이 정하는 지침에 따른다"라는 법령 아래에서 운영된다. 그래서 IB는 국가(교육청)가 승인한 정식 공교육 프로그램의 하나다. 국가는 승인된 교육을 받은 학생들을 공정하게 평가할 의무가 있으며, 학생은 국가가 운영하는 제도에 동등하게 참여할 권리가 있다. "학생이나 학부모는 여러 손해를 각오하고 IB 교육을 받았겠지만, 사회적으로 제도 정비에 대해 고민할 필요가 있다"라고 서울대 전 입학본부장이자 IB 도입 방안을 연구해 온 권오현은 말한다. IB 학생들이 특혜를 받아서도 안 되겠지만, 정식 공교육을 받았음에도 불이익을 받는 것은 형평에 맞지 않기 때문이다.

국내 주요 대학의 30~40퍼센트는 정시로 학생들을 선발하고 있다. 수능 시험만으로 입학생의 3, 4할을 선발하는데, IB 학생들은 현실적으로 이 전형에 참여하기 어렵다. IB 외부 시험은 10월 말부터 11월 초까지 약 3주간 진행되고 수학능력시험은 11월 중순에 치러지므로 시간 차이는 있지만, 두 시험이 서로 겹치는 일도 생길 수 있다. 또한 학생들이 두 시험을 모두 준비하는 것은 물리적으로 쉽지 않다. 수능과 IB 외부 평가의 성격이 워낙 다르기 때문이다. 수능에 전념하는 것만으로도 여력이 없는데, '수능에 도움이 되지 않는 공부'에 많은 시간을 할애하고 수능을 잘 보길 기대하는 것은 요원한 일이다.

이 문제를 해결하기 위해서는 수능 성적과 IB 최종 점수를 비교하는 성적 조견표를 만드는 방안이 논의될 수 있다. 수능 점수에 상응하는 IB 점수를 대학교육협의회(대교협)나 개별 대학교가 설정해 정시 전형에 활용하는 것이다. 하지만 이 방안은 현실화하기 어렵다. 수능 정시는 다른 어떤 시험이나 전형 요소가 개입되지 않는 '순수' 수능으로만 합격자를 선발해야 한다는 국민 정서에 기초하기 때문이다. 또한 해마다 점수가 오르내리는 수능 점수와 절대평가에 맞춰 동일한 기준으로 점수가 책정되는 IB 점수를 일률적으로 호환하는 것도 쉽지 않다. 수능은 소수점 단위까지 세분화하여 당락을 결정하도록 설계되어 있다. 반면 IB는 45점 만점으로 과목에 따라, 또는 심화 표준 선택에 따라 가중치를 준다고 해도 수능만큼의 변별이 가능할지 의문이다. 향후 수능이 IB와 같이 논서술형으로 전환되어 두 시험의 성격 차이가 줄어든다면 모르겠지만, 가까운 시일 내에 두 시험의 점수를 호환하기란 쉽지 않을 전망이다.

2024년 초에 발표된 2028년 대입 개편안에 따르면, 수능은 향후 고등학교 1학년 교과 내용으로 시험 범위가 제한된다. 이 개편안은 입학시험을 불구로 만들었다는 비판에서 벗어나지 못한다. 실제로 이 제도 아래에서는 대학도 수능만으로 정시를 운영하기 힘들 것이라는 의견이 지배적이다. 고등학교 2, 3학년의 중요 과목 성적은 내신으로만 확인해야 하므로 정시에 내신 등의 다른 전형 요소가 포함될 수밖에 없다. 즉 정시의 수시화가 불 보듯 뻔할 것이다. 그래서 전문가들은 2028년 이후의 수능은 실제로 자격 고사화될 것이라는 전망을 내놓고 있다. 지금의 수능 최저 점수 요구처럼 기준 학력 확인용으로만 사용될 것이라는 의미다. 이러한 흐름으로 본다면, IB 학생들의 불이익은 줄어들 가능성이 있다. IB 지원자들도 최저 기준의 등급 확인용은 IB 수능 조견표를 통해 상응시킬 수도 있고 자격고사 수준이라면 수능 시험에 응시하는 게 무리가 되지 않을 수 있다. 하지만 수능이 여전히 변별력을 위한 용도로 사용될 경우, 수능이 개편된다고 해도 IB 학생들이 수능 시험을 치르지 않는 한 불이익을 감수해야 하는 상황은 더 이어질 수 있다.

수시(부분) 제한

다음으로 수시 지원을 살펴보자. 현재 수시는 수능 최저 점수를 요구하는 전형이 큰 비중을 차지하기 때문에, IB 학생들은 수능 최저 점수를 요구하지 않는 전형에 주로 지원한다. 수능 최저 점수 요구는 수능 정시만큼은 아니지만 높은 장벽이다. 그럼에도 대학 입학 기회를 넓히기 위해 IB 시험을 보면서 동시에 수능 시험을 준비하는 학생들도 존재한다. 이들은 서로 다른 두 시험을 함께 준비하는 데 어려움을 느끼지만, 스스로 감내하고 준비해 나간다. 일부 학생 중에는 이런 과정을 통해 명문 대학에 진학하기도 했다(수능 시험 준비를 함께하는 학생들의 경우 고강도의 사교육을 받는다. 일반적으로 IB 학생들의 사교육 이용 패턴과는 다른 결이라 할 수 있다).

　IB 학생들에게 수능 최저 점수를 요구하는 수시 전형은 매력적일 수밖에 없다. 일단 수능 최저를 맞추면 내신은 자신 있기 때문이다. 풍부한 학업적 성취를 어필할 수 있고 면접 등에서도 뛰어난 역량을 보여 줄 수 있다. 다만 현재 기준에서 보면 수능 최저를 맞추는 것은 생각보다 쉽지 않은 일이다. 수능 공부를 하지 않고 IB 공부만 한 학생이 수능 시험을 잘 볼 수 있는 과목은 영어 정도이기 때문이다. 국어와 수학은 문제 풀이 기술을 집중적으로 익히지 않으면 고득점이 어렵다. 과학탐구나 사회탐구는 수능형 문제에 적응하는 게 쉽지 않고 사회탐구는 시험 범위가 다른 경우도 많아 별도의 공부가 요구된다. 서울대 전 입학본부장 권오현은 IB 학생의 경우 IB 점수를 수능 최저 점수에 호응하여 요구하거나, IB 졸업생의 최저 점수 적용 면제, 교과 심층 면접이나 교과 정량 지표 또는 입학사정관의 학업 역량 평가 등으로 대체하는 방안을 논의할 수 있다고 말한다.

　내신을 반영하는 데도 IB 학생들은 여러 어려움을 겪고 있다. 대학은 전공 적합성을 요구하고 이에 맞춰 학생들을 선발하는데, 대학이 요구하는 과목 이수 등 전공 적합성 평가 항목이 대학마다 상이하고 또 이 기준들이 IB 학생들을 고려하지 않는 경우가 많기 때문이다. IB는 과목이 상대적으로 단순하게 구성되어 있어 대학에서 요구하는 특정 과목을 이수하기가 쉽지 않다. 따라서 만약 대학에서 물리 심화 과정을 요구한다면, IB의 물리 하이 레벨 이수로 충분하다는 것이 받아들여져야 한다. 또한 실제 과목 내에서 연구 보고서를 작성하는 등의 활동이 대학이 요구하는 세부 과목과 얼마나 호응하는지도 확인하는 절차가 마련되어야 한다.

IB 활동 반영 제한

한편 IB는 각종 보고서나 소논문 작성, 각종 연구 활동 등이 활발하게 이루어지는데, 국내 일반 교육과정에서는 불공정 시비로 제한되고 있다. 그래서 IB 학생들은 교과 내 이런 활동들 중 일부를 수시에 반영하지 못한다. 물론 모든 학생이 기재할 수 없으므로 IB 학생들만 불이익을 받는다고 말할 수는 없지만, 따지고 보면 IB 학생들은 해당 영역을 따라가기 위해 상당히 많은 시간을 할애하고 있는데 관련 내용을 수시 전형에 반영하지 못한다는 것은 결과적으로 불이익이라 할 수 있다. 이 부분에 대한 조율도 필요할 것으로 보인다. 근본적으로 소논문 작성이나 보고서 등은 대학 교육 준비에서 장려되어야 하는 영역이기 때문에 대입에 어떻게 활용할지 논의되어야 할 필요가 있다. 이것들은 IB 프로그램의 정식 교과 과정인 만큼 향후 고교학점제에서 해당 과목들이 과제 탐구나 논술 등의 수업 개설과 호응해 활용될 방안을 마련될 수 있을 것이다.

IB 점수 표기 제한

주목해야 할 또 다른 문제는 내신 점수 표기 문제다. 절대평가로 운영되는 IB DP는 과목별 기준에 따라 학생들의 등급이 부여된다. 대학은 과목별 등급이나 모든 과목 성적이 합산된 45점 만점의 최종 점수, 그리고 과목별로 기술된 교사의 학생 학업 성취 보고서를 기준으로 입학을 검토한다. 그런데 한국 대학에 지원할 때는 과목별 점수(등급)와 최종 점수를 제출하지 못하게 되어 있다. 기재란에 쓸 수 있는 것이 엄격하게 제한되어 있기 때문이다. IB 과목별 등급을 제출할 수 없는 학생들은 국내 내신의 절대평가 기준인 A, B, C로만 나뉜 성적과 과목별 세부 특기 사항만을 제출한다. 그러면 대학은 학생의 수준을 충분히 파악할 수 없으므로 상대평가로 진행된 1학년 성적을 중심으로 2, 3학년 DP 과정을 담은 세부 특기 사항을 살펴보게 된다. 1학년 성적이 낮은 학생의 경우, DP 기간에 성적을 높였더라도 그 노력과 성취를 명확히 보여 줄 수가 없다.

IB 점수 표기를 정상적으로 할 수 없다는 문제는 대학 진학에서 IB 학생들에게 큰 장애물이 된다. 다만 2025학년도부터는 절대평가가 3등급에서 5등급으로 바뀌는데, 이것이 어느 정도 긍정적인 역할을 할 것으로 기대한다. 5등급으로 바뀌면 IB 교사는 학생들에게 더 세분된 등급을 부여할 수 있다. 7~6등급은 A, 5등급은 B, 4등급은 C, 3등급은 D, 2~1등급은 E로 표기할 경우, 대학은 학생이 고2, 3에 진학하며 얼마큼의 학습 성과를 냈는지 더 자세히 알 수 있다. IB를 공교육에 도입한 시도교육청들은 IB 등급을 한국 학제에 통일해서 맞추는 과정을 협의하고 있다. 어느 지역에서는 IB 점수가 5등급일 때 A를 주고 다른 지역에서는 B를 주면 대학 입장에서는 혼란스럽기 때문이다. 교육청들이 점수를 통일시키면 IB는 절대평가 공신력이 더 높기 때문에 일반 학교에 비해 더 객관적인 평가 결과를 보여 주는 효과를 기대할 수 있을 것이다. 다만 지역간 학교간 격차가 그대로 드러나는 일이기 때문에 논의가 잘 진척되고 있지는 않다.

상대평가 병기 문제

마지막 문제는 대입 개편안으로 인해 모든 과목에 상대평가가 병기된다는 것이다. 이 부분은 절대평가 기조에 맞추는 IB 평가 시스템에 손상을 줄 가능성이 있다. 교육청들은 상대평가 병기로 IB가 무력화되는 것은 아니지만, 부작용을 우려해 시도교육청 재량으로 절대평가 단일 표기 영역을 조정할 방안을 교육부와 협의하고 있다.

IB 학생들은 뛰어난 교육 성과를 바탕으로 현행 대입 제도가 가진 장애물을 피해 합리적 지원을 시도해 왔다. 정시는 포기하지만, 수능 최저 점수를 맞춰 대학에 지원하거나 수능 최저 점수를 요구하지 않는 학교나 학과를 찾아 지원하는 것이다. 또한 교육부 관할 대학에 비해 신입생 선발 자율성이 보장되는 과학기술정보통신부 관할의 과학기술원에 지원하는 학생들도 많다. 하지만 자신이 원하는 대학이나 학과가 IB 학생에 맞는 지원 절차를 마련해 주지 않아 포기하거나 고1 때 받은 낮은 성적 때문에 고배를 마시는 경우도 많다. 이 경우 해외 대학으로 눈을 돌리는 학생들도 상당수 있다. IB 학생들의 대학 지원 사례는 전국 학생 수에 비하면 아직 극소수에 불과하다. 그렇다 보니 대학들의 수능 최저 등급 요구가 없는 수시 전형의 T.O를 기준으로 보면

IB 학생들이 크게 불리한 상황이라고 말할 수는 없다. 다만 세부적으로 들어가면 조건이 안 맞는 부분도 여럿 생겨 어려움을 겪고 있는 것도 사실이다. 정부는 수능 제도의 개편 방침을 세우면서 IB 학생들을 어떻게 끌어안을 것인지도 함께 고심해야 한다. 그리고 대학은 IB 점수를 어떻게 활용할 것인지, IB 학생들의 학업 성취를 어떻게 반영할 것인지 세부적으로 고민할 필요가 있다.

소수의 IB 학교가 만들어지면서 해당 학생들에게 특혜를 주면 안 된다는 목소리가 있다. 자기 자녀가 불이익을 받을까 봐 IB 확산에 반대하는 학부모도 있을 수 있다. 하지만 지금 우리 교육에 필요한 것은 혁신을 멈추기보다는 소수의 학교에서 얻은 경험과 지식을 확산해 나가는 것이다. IB와 대입을 어떻게 연계시키는지에 관한 문제는 결국 국민 대다수가 이 이슈를 어떻게 바라보느냐에 달려 있다. 거부감을 앞세우면 모두가 새로운 변화로 나아가자는 말에 힘이 실리기 어렵다.

2024년 9월, 수능 이원화와 학교 내신의 외부 기관 모니터링 추진 등 대입 제도 개편과 관련된 국가교육위원회의 내부 검토 사안이 보도되었다. 해당 보도를 보면 IB를 롤 모델로 삼아 개편 방안이 검토 중임을 알 수 있다. 현 교육의 흐름은 IB 프로그램이 보여 주는 지향점에 따라 흘러갈 가능성이 높다. 우리의 자녀가 IB 학교를 가든, 아니면 국가교육과정이 바뀌길 기대하든, 지금 IB 프로그램에 관한 관심을 가지는 것은 모두에게 필요한 일이다.

7장

패러다임 대전환의 시대

나는 퍽이 있었던 곳이 아닌, 퍽이 있을 곳으로 스케이트를
탄다.

— 웨인 그레츠키 (미 아이스하키 리그 최다 골을 기록한 레전드)

시대마다 소위 '성공 공식'이 있다. 현시대의 기본 공식은
'성공하려면 좋은 회사에 취직하거나 전문 직군에 들어가야
하고, 그러기 위해서는 우선 좋은 대학을 나와야 한다'는 것
이다. 이러한 성공 공식은 지금의 부모 세대가 설정했다. 그
들은 사회적 양극화를 목격했고, 학벌 차별이 심한 사회를
겪어 왔다. 명문 대학을 나왔을 때 출세가 얼마나 순탄한지,
그렇지 않을 때 사회 경제적 격차를 좁히는 것이 얼마나 힘
든지를 체감했다.

사회적 지위나 재산이 있으면 있는 대로, 없으면 없는 대로 부모는 자녀가 좋은 대학에 입학하기를 간절히 바란다. 인생 초기의 시간을 어떻게 보내느냐가 인생 전체를 좌우한다면, 그 시절은 부모에게 또 학생에게 총력전이 될 수밖에 없다. 그로 인해 사교육 시장도 폭발적으로 증가했다. 이후 격차를 만회하기 위해 들여야 할 비용을 생각하면, 지금 1점을 올리기 위한 투자는 아무것도 아닌 것 같다. 한번 얻은 학벌은 영원히 지위를 잃지 않는다. 시험 준비가 이후 삶에 가치가 없더라도 상관없다. 시험 자체가 성공의 증표이기 때문이다. 한편 패자는 침묵을 강요받는다. 게임의 참여자였기 때문에 시험의 불합리를 말하거나 패배의 원인을 구조적으로 지적하면 비겁한 태도로 여겨진다.

실제로 학벌은 취업 전선에서 강력한 무기가 되어 왔다. 2023년 5급 행정고시의 경우 서울대 41퍼센트, 고려대 22.7퍼센트, 연세대 16.8퍼센트로, 세 학교의 합이 8할을 넘는다. 외교관 후보 선발 시험에서 서울대는 합격자의 40퍼센트이고, 기술 고시의 경우 상위 7개 대학의 합이 7할 이상이다. 2024년 로스쿨(25개교 중 공개한 16개교 기준) 합격자의 SKY 출신은 약 57퍼센트, 인서울 출신은 85퍼센트를 기록했다. 이처럼 한국에 사는 사람이라면 누구나 명문 대학의 힘이 대단하다고 느끼며 산다. 일반 기업에서도 서류에서 '광탈(바로 탈락)'하거나 면접 기회도 얻지 못하면 부족한 학벌 때문이라고 생각하기 쉽다.

그렇다면 명문 대학 학생들은 어떻게 사회적으로 좋은 자리를 선점하는 것일까? 상위권 대학에 들어간 결과 자체가 실력이라면 설명은 어렵지 않다. 유능한 사람이 명문 대학에 들어가 더 좋은 교육을 받아 실력을 키웠으니, 어쩌면 명문 대학 쏠림은 당연하다. 어느 대학에 가느냐에 따라 학생이 받는 지원 차이는 생각보다 크다. 그 효과 역시 무시할 수 없다. 그런데 요즘 학벌의 힘이 약해졌다는 말을 어렵지 않게 들을 수 있다. 회사들은 왜 일 잘하는 인력 확보를 어려워하는 것일까? 왜 명문 대학 출신 합격자 중에도 사회생활에 적응하지 못하는 사람들이 많을까? 왜 일이 안 맞는다고 쉽게 퇴사할까? 그 많은 소위 능력자는 왜 사회적 격변 속에서 무능을 절감하고 있을까?

원인은 시험 방식에 있다. 교육평론가 이범에 따르면, 대입과 취업 관문이 상당히 유사하게 구성되어 있어서 명시적으로 가산점을 주거나 선배들이 노골적으로 이끌어 주지 않더라도 시험 자체가 명문 대학 출신에게 유리한 구조로 되어 있다. 그로 인해 명문 대학 입학과 취업 시험 통과에 강한 연결고리가 만들어진다. 이러한 패턴은 국가 주도 성장 시대로 거슬러 올라가 살펴봐야 한다. 당시 한국에서 가장 좋은 자리는 나라에서 벼슬하는 일이었고, 공무원은 막강한 힘을 가지고 경제, 행정 권력을 행사하고 이권을 배분했다. 공무원은 엄격한 채용 절차를 통과해야 하는데, 그중 대학 입시와 유사한 형태를 지닌 필기 시험은 응시자의 절대 다수를 떨어뜨리는 전형이라 체감상으로도 가장 큰 관문이다. 흔히 학벌이 부족하다고 생각하는 학생들이 대거 공무원 시험에 몰리는데 막상 뚜껑을 열어보면 명문 대학 학생의 합격률이 압도적이다. 특히 고위직 선발 시험일수록 그런 경향이 강하다.

사기업은 대규모 공채 제도를 유지해 왔다. 공채 시험은 전 세계에서 유례를 찾기 힘든, 매우 특이한 채용 방식이다. 자리는 많고 사람이 모자라던 시기에 유능한 학생을 졸업 전에 선점하기 위해 한 번에 일괄적으로 뽑는 그물망 방식의 채용이 현재까지 이어져 왔다. 한때는 대기업이 명문 대학 교수들에게 원서를 전달하면 교수가 마땅한 학생에게 원서를 전해 주고, 학생은 요식 행위에 가까운 면접을 보고 입사하던 시절이 있었다. 즉 원서를 못 구하는 학생들은 응시조차 할 수 없다는 뜻이기도 했다. 지금은 자체 시험을 봐야 한다. 방송사와 신문사는 언론 고시를, 삼성이나 LG 같은 대기업은 자체 시험을 개발해서 사람을 뽑는다. 금융권 역시 어렵기로 소문난 금융 고시를 치러야 한다. 그럼에도 명문대 쏠림은 그대로다. 대학 졸업자 간의 끈끈한 네트워크가 회사 업무를 원활하게 하는 '유용한 방편'으로 여겨졌기 때문에, 사기업이 고시와 유사한 형태의 시험을 마련하는 것은 자연스러운 일이었다.

근래에는 직무 적합성과 관계 없는 편견 요소를 걸어내고 적격자를 찾아내자는 취지로 블라인드 채용이 많아졌다. 블라인드 채용은 우수한 역량을 지닌 응시자가 소위 말하는 스펙이 부족하다는 이유로 1차 서류에서 떨어지거나 면접에서 고배를 마시는 일을 줄여 주는 긍정적인 효과가 있다. 하지만 블라인드를 시행하면 검증 폭이 제한되는 문제로 인해 필기시험 난도가 높아진다. 그래서 명문 대학 합격자 비율이 늘어나거나 유지되는 블라인드의 역설이 벌어지기도 한다. 중요한 것은 결국 필기시험이다. 국내 대학보다 순위가 높은 해외 대학 출신 유학파들이 고전하는 이유도 이 때문이었다. 한국 회사에 입사하려면 한국 시험에 적응해야 하는데, 여기에 장애물이 작용했던 것이다.

시험이 정확하게 능력자를 가려내고 그 시험을 준비하는

것이 능력자가 되는 길이라면, 입시 제도와 취업 제도의 일관성은 문제가 되지 않는다. 오히려 그런 시험 제도로 인해 사회 발전이 기대될 수 있다. 문제는 시험 문제와 형식에 결함이 있을 때 발생한다. 고시든 사기업 공채 시험이든 모든 시험이 대입 시험에 뿌리를 두고 있다. 이는 주입식 교육을 통해 지식의 양을 측정하는 방식을 중시하는, 대부분 답이 정해진 것을 찾는 시험이다. 이런 시험은 지식의 수용성과 수동성을 강조한다.

서구화를 추종하던 시대에 객관식 시험은 부족함이 없는 시험이었다. 많은 사람을 대상으로 지식 습득 유무를 파악하는 데 이만큼 효율적인 테스트는 없기 때문이다. 어떻게 쓸 것인지는 배운 다음에 생각할 일이었다. 일단 아는 게 중요했다. 고시와 공채 시스템은 합격자가 무슨 일을 할지 정확히 알지 못한 채 일단 뽑아 두는 방식이고, 그럴 때 유용한 기준은 어디에나 써먹을 수 있는 '평균형' 인간이다. 각 개인의 관심과 취향은 일단 무시하고, 두루 공부해 두는 것이 이 세계관의 특징이다.

문제는 우리가 '정석'이라고 생각해 왔던 이 시험의 패러다임이 깨지고 있다는 사실이다. 국가 주도 성장이 끝나면서 고시 중심의 시험 체제가 해체되고 있다. 저성장이 계속

되면서 일자리가 부족해지고 취업을 희망하는 사람이 많은 시대로 바뀌었다. 인재를 선점하기 위해 시험 성적으로 다수의 학생을 뽑는 공채는 맞춤형 채용이 어렵다는 점에서, 또 부적절한 인력도 함께 뽑는 채용 실패도 크다는 점에서 거부감이 커지고 있다. 이제 회사는 공채 대신 수시 채용을 적극 도입하고 있다. 수시 채용은 전사적 프로세스가 아니라 T.O가 필요한 부서별로 뽑는 방식이다. 채용을 진행하는 팀은 당장의 핵심 역량을 갖춘 인물을 찾는다. 대규모 시험이 생략되고 자기소개서와 이력서, 실무 경험을 확인하는 면접이 중시된다. 이때 회사는 평균형 인간보다는 맞춤형 인간, 시험 잘 보는 사람보다는 실무에 강한 사람을 선호하게 된다.

이러한 흐름에서 중요한 것은 시험 스킬이 아니라 실무 능력이다. 일자리의 40퍼센트 수준을 점유하는 IT 업계는 입사 지원자들을 1차로 추리기 위해 필기시험을 치르기보다는 인공지능으로 직무 적합성을 확인한다. 시험을 본다면 실무 능력을 확인하기 위해 코딩 문제를 출제하기도 한다. 그러다 보니 서울대 공대생을 제치고 코딩을 즐기는 고등학생이 뽑히는 일도 발생한다. 또한 국내 채용 시장에서 6퍼센트를 차지하는 외국계 회사는 학벌을 보지 않고 직무 적합성과 조직문화 적합도를 본다. 이를 위해 3회 이상 1시간 동안 면접을 진행하면서 직무 중심의 업무 역량을 꼼꼼히 살핀다. 수시, 인턴, 계약직에서 정규직 전환 등의 채용 방식도 늘어가고 있다. 저성장이 장기화하고 채용이 어려워지면서 결국 명문 대학 출신 지원자들은 임시직을 거치는 것도 감내하기 시작했다. 이런 상황에서 입사 지원자는 장기적으로 회사에 이바지할 잠재력보다는 '즉시 전력'으로서 능력을 보여 주는 게 강조된다.

지금 우리 사회는 개인에게 단순 암기력과 이해력이 아닌 창의성과 고유성을 요구하고, 공부 머리가 아닌 일머리를 직접 확인하려고 하고 있다. 한마디로 객관식 시험의 가치가 급락하는 시기가 도래한 것이다. 채용 제도가 변화하는 이 시기에 객관식 시험을 오래 준비해 온 학생들의 적응은 어려울 수밖에 없다. 그 시험이 실제 능력과는 무관하게 단지 합격자와 불합격자를 가르는 시험일 뿐이라면 더욱더 치명적일 수밖에 없다. 이제 시험 따로, 능력 따로인 시대가 끝나 가고 있다. 즉 성공 공식이 달라지고 있다.

구한말에도 엘리트는 존재했다. 그때도 성리학을 오랫동안 공부하고 단련한 사람들을 인재라고 불렀다. 유학이 근본이라는 관념은 뿌리 깊어, 조선의 지식인들은 병인양요(1866년)와 신미양요(1871년)가 일어나고 강화도 조약(1876년)을 맺었을 때도 과거 시험에 집착했고, 1879년 문과 정시 응시자 수는 20만 명이 넘었다. 하지만 과거 시험은 그로부터 불과 5년이 지나 폐지되었다. 지금 교육 제도가 그대로라면 별 수 없지 않으냐며 주어진 체제에 순응해야 한다고 말하는 사람들이 많다. 하지만 변화는 오고 있고 지금 당연한 것은 결국 옛말이 될 것이다. 그리고 그 순간이 멀지 않았다는 것을 점점 더 많은 사람들이 깨닫고 있다.

대학도 달라진 환경에 맞는 인재를 길러내지 못하면 대학의 존재 이유가 사라질 것이라는 위기감을 직시하고 있다. 그들은 주입식 교육과 객관식 시험을 통해 입학한 학생들의 역량이 떨어진다는 것을 체감하면서 기존 시험으로는 놓쳤던 인재를 찾으려고 하고 있다. 대학이 정시보다 종합 전형을 선호한다는 것은 공공연한 비밀이다. 낡은 시험 제도를 고수하는 게 득이 되지 않는다는 공감대가 학계 내에 자리 잡혀 가고 있다. 대입 제도를 만드는 교육 당국 역시 새로운 교육 개혁을 두고 고민하고 있다. 지금의 수능 제도로는 달라진 환경에 적응할 수 없기 때문이다.

더 늦기 전에 성공 공식이 달라지고 있음을 인식해야 한다. 물론 단시일 내에 채용 및 대입 제도가 180도 바뀌고 학벌이 무력화되지는 않을 것이다. 변화에는 시일이 걸린다. 그러나 지금과는 반드시 달라질 것이다. 자녀들의 나이에 따라 대입 및 채용 시장의 모습은 다르겠지만 장기적으로 어떤 트랙에 도전할 것인가를 고민해야 한다. 우리 자녀들에게 가장 중요한 것은 어떤 공부가 그들에게 지속적인 성장을 줄 것인가이다. 그런 시대적 변화 속에서 IB는 무엇이 갖춰야 할 능력이고, 어떤 사람이 필요한 인재인지를 재정의하는 거대한 방향 전환의 표징이라 할 수 있다.

에필로그

제주 표선고 학생들이 인근 습지로 현장 답사를 갔다. 제작진도 함께 따라가 제주의 아름다운 습지에서 촬영을 진행했다. 학생들은 습지 보호 전문가의 안내에 따라 습지를 관찰하고 직접 만지고 냄새 맡으며 답사를 이어 갔다. 그날은 비가 오락가락했고 제작진은 비가 올 때마다 촬영 장비를 철수시키고 인근 정자에서 기다렸다가 비가 그치면 다시 나가 촬영하길 반복했다. 학생들의 답사도 덩달아 자꾸 끊기는 일이 생길 수밖에 없었다. 번거로운 상황에 학생들이 짜증을 낼 만도 했는데, 그들은 그 상황을 담담하게 받아들이고 있었다. 핸드폰을 꺼내는 친구들도 없었다. 그저 조용히 내리는 빗소리를 들으면서 전문가와 더 깊은 대화를 이어 가고 있었다.

이 친구들이 억지로 온 것이 아니구나.

정말 자연 현상에 호기심이 많구나.

다른 이들의 이야기에 경청할 줄 아는구나.

학습 과정에서 인내를 배우고 바른 태도를 배웠구나.

이런 생각들이 자연스럽게 떠올랐다. 수업 중에 어려운 화학 실험을 하고 긴 소논문을 쓰는 등 고단한 공부를 이어가는 학생들의 모습도 대견했다. 그렇지만 그들이 일상적인 순간에서 바르고 성숙한 태도를 보여 줄 때 나는 그들의 미래가 진심으로 기대되었다. 이런 수업을 우리나라 학생들이, 내 자녀가 들으면 참 좋겠다는 생각이 들었다. 교육은 결국 좋은 사람, 민주 시민을 기르는 일이고 각 개인이 평생 성장할 수 있는 발판을 마련하는 일이다. 경쟁 사회에서 살아남아야 한다는 생각이 공기를 가득 채운 탓에 자주 잊곤 하지만 사실 우리가 교육을 통해 근본적으로 얻어야 하는 것은 우리 공동체를 더 좋게 만들어 나갈 힘이다.

다큐멘터리를 만들고 책을 쓰는 내내 머리에서 떠나지 않았던 한 가지 질문은 '무엇이 능력인가'였다. 능력이란 국가나 사회가 중요하다고 말하는 지식, 역량을 말한다. 그것은 시대나 상황에 따라 가변적이며 측정하기도 쉽지 않다. 그럼에도 우리는 지금 눈에 보이는 것을 절대화하는 경향이 있다. 1점 차이로 희비가 엇갈리는 대학 입시 현장을 떠올려보자. 그 미세한 차이로 어린 학생들이 큰 사회적 차별을 경험하게 되는 것은 온당한 것인가? 나는 시험에 대한 신화를 극복할 때 학벌 사회를 본격적으로 논의할 수 있다고 믿는다. 누군가는 교육 정상화를 위해서는 대학 서열화를 해체하는 게 가장 중요하다고 말하는데, 그에 앞서 해체의 이유를 우리 모두가 공감하는 게 먼저라고 생각한다.

그동안 우리 사회는 압축적으로 성장했고 효율성을 중시했다. 객관식 시험은 그런 시대의 상징이다. 따라오는 사람은 거두고 헤매거나 뒤떨어지는 사람은 버리고 갔다. 그러니 사람의 다양한 면을 살펴보고 어떻게든 개인의 능력을 찾아주고 도우려는 노력이 부족했다. 교실에서 학생들은 각자 분주하게 또 치열하게 노력하고 있다. 그런데 그 노력을 우리는 얼마나 쉽게 재단해 왔나.

논서술형 시험은 객관식 시험에 우리가 쓴 돈과 비교하면 엄청나게 많은 돈과 시간이 들 겁니다. 그것을 우리가 기꺼이 지불하고도 우리 사회가 좀 더 나은 사회로 나갈 용의가 있느냐의 문제인 것 같습니다. 또 한 인간을 어떻게 대접할 것인지의 문제이기도 합니다.

교육학자 이경숙의 말이다. 〈교실 이데아〉에서 여러 인터뷰를 이어 가며 깊이 있는 말들을 들었지만, 그중에서도 가장 내게 와닿은 말이다. 사람을 골라 쓰고 나머진 버리려는 마음이 아닌, 사람을 귀하게 여겨 모든 학생을 살리려는 마음이 필요하다. 그 첫걸음은 교육이, 특히 시험이 바뀌는 것이다. IB가 우리에게 던지는 시사점은 다각적이다. 우리는 이 단계를 거쳐 조금 더 나아가야 한다.